Dr. Christina Donnell

Schöpferisches Träumen

W0089526

Dr. Christina Donnell

Schöpferisches Träumen

Zugang zu unserem unendlichen Sein

Aus dem Amerikanischen von Anja Schmidtke

//////////////// **SILBERSCHNUR** ////////////////

*Mit * gekennzeichnete Stellen frei übersetzt von Anja Schmidtke.*

Copyright © 2008 by Christina Donnell
Titel der Originalausgabe: »*Transcendent Dreaming*«
published by Winds of Change Books

Copyright © der deutschen Ausgabe:
Verlag »Die Silberschnur« GmbH

ISBN: 978-3-89845-337-0

1. Auflage 2011

Übersetzung: Anja Schmidtke
Gestaltung & Satz: XPresentation, Güllesheim
Covergestaltung unter Verwendung verschiedener Motive aus: www.fotolia.com
Druck: Finidr, s.r.o. Cesky Tesin

Verlag »Die Silberschnur« GmbH · Steinstr. 1 · 56593 Güllesheim
www.silberschnur.de · E-Mail: info@silberschnur.de

INHALT

Du, der du diesem Planeten neues Leben schenkst,

du, der du die Logik übersteigst,

komm.*

Dschalal ad-Din Rumi

DANKSAGUNG

Folgenden Menschen möchte ich gerne meinen Dank aussprechen:

Meiner Verlegerin *Ellen Kleiner of Blessingway* für ihre bemerkenswerte Weitsicht und Kompetenz und ihr liebevolles Engagement für dieses Buch von der Konzeption bis zur Fertigstellung. Ich bewundere ihr hohes Wissen und Können und wie aktiv sie sich dafür einsetzt, dass die Werke ihrer Autoren an die Öffentlichkeit gebracht werden.

Christina Dent, Louise Dollin, Deborah Goldberg, Beth Moore, Ciara O'Shea, Mary Jo Peppler und *Pat Shea* für ihre aufmerksame Prüfung des Manuskriptes und ihre überaus wertvollen Ratschläge.

Steve Moore für unser nächtliches Gespräch unter Sternen, das mich dazu brachte, dieses Buch veröffentlichen zu wollen.

Sheri Harris für 25 Jahre spirituelle Freundschaft und ihr unzensiertes Feedback zu zahlreichen Versionen einzelner Kapitel.

Und *Margaret Mills* für ihre Freundschaft und Unterstützung in meinen anstrengendsten Jahren des Träumens.

VORWORT

Christina Donnells *Schöpferisches Träumen* ist eines der tiefgründigsten Werke über das Träumen, die je von einem Menschen aus dem Westen geschrieben wurden – und es wird, davon bin ich überzeugt, seinen festen Platz in der Traumliteratur einnehmen.

Für Donnell wurde das Träumen zu einem nächtlichen, spirituellen Pfad, der in Erkenntnissen gipfelte, die auch von den größten Mystikern der Welt beschrieben wurden: die Aufgabe des Selbst oder Egos zugunsten der Identifikation mit einer universellen Intelligenz; der Übergang vom aktiven Handeln zu einem Zustand reinen Seins; der Verzicht auf eine Wozu-ist-das-gut-Einstellung zugunsten des Wissens, dass immer und überall Harmonie und Vollkommenheit herrschen; die

Überwindung der linearen Zeit und strengen Kausalität; der Wandel vom intellektuellen, analytischen Denken hin zur demütigen Akzeptanz eines tiefen Mysteriums; und die durchdringende Erfahrung des Staunens und der Freude.

Donnells Gewahrsein war nicht von Anfang an vollkommen entwickelt, sondern entfaltete sich auf einem Fundament, das im Laufe vieler Jahre entstand. Sie praktizierte 18 Jahre lang Kampfkunst und Zen-Meditation, vertiefte sich in die medizinischen Traditionen der südamerikanischen Q'ero-Indianer, erlangte einen Doktortitel in klinischer Psychologie, praktizierte diesen Beruf fast zwei Jahrzehnte lang und machte ihre Erkenntnisse weltweit anderen Menschen in Seminaren zugänglich.

Mein Interesse an Donnells Erfahrungen rührt aus meinem Leben im medizinischen Bereich her, wo meine persönlichen Erfahrungen ihre wichtigsten Erkenntnisse bestätigten. Ich hatte präkognitive Träume, die manchmal unheimlich prophetisch waren, und auch meine Patienten berichteten mir von ähnlichen Erfahrungen. Meine seit mehr als zwei Jahrzehnten andauernden Forschungen auf dem Gebiet des Heilens haben gezeigt, dass die mitfühlenden, andächtigen, liebevollen Absichten eines Heilers aus der Ferne wirken können, auch wenn der Empfänger sich dessen gar nicht bewusst ist. Aktuell zeigen Hunderte von Studien statistisch signifikante Ergebnisse bei Menschen und auch bei Tieren, Pflanzen und sogar Mikroben. Wie die meisten Mediziner habe ich radikale Heilungen gesehen, die konventionell nicht erklärbar sind und die wie eine Segnung, eine Gnade erscheinen.

Am bedeutsamsten an diesen Ergebnissen und an den Erkenntnissen von Donnell ist jedoch nicht, dass sie ein gutes therapeutisches Instrument für den Arztkoffer darstellen, das Ganzheit und Heilung unterstützt. Ihre wichtigste Bedeutung liegt darin, was sie uns über die Natur des Bewusstseins sagen. Sie offenbaren uns einen Geist, der unendlich in Raum und Zeit ist – und den ich den *nichtlokalen Geist* nenne. Die Implikationen des nichtlokalen Geistes sind weitreichend, denn wenn ein Aspekt unseres Bewusstseins in Bezug auf den Raum unendlich oder nichtlokal ist, dann ist er allgegenwärtig, und wenn er in Bezug auf die Zeit unendlich oder nichtlokal ist, dann ist er unsterblich oder ewig. Der nichtlokale Geist bestätigt daher die Existenz dessen, was traditionell die Seele genannt wird. In der Dimension, die sie »das Träumen« nennt, hat Christina Donnell ihr nichtlokales Wesen als lebendige Realität erfahren.

Bei der ersten Begegnung mit den Traumerfahrungen, die Donnell beschreibt - Erwachen der Fähigkeit zu Prophezeiungen, Hellsehen, Austreten aus der Zeit, Materialisierungen und mehr - sind viele Menschen versucht, sie eher pragmatisch zu sehen. Wozu sind diese Erkenntnisse *gut*? Wie können sie *genutzt* werden? Tatsächlich *können* sie zu praktischen Zwecken genutzt werden, aber sich rein auf zweckmäßige Betrachtungen zu beschränken, wird diesen eindrucksvollen Visionen nicht gerecht und veranlasst Menschen manchmal dazu, dieses Wissen dazu zu nutzen, andere zu manipulieren und zu kontrollieren - eine häufige Gefahr auf dem spirituellen Pfad. Es muss Donnell zugute gehalten werden, dass sie diesen Stolperstein schlichtweg umgangen hat und über ihn hinausgewachsen ist.

Hat das Universum Christina Donnell und dieses Buch erschaffen, weil es hierfür dringenden Bedarf in schwierigen Zeiten gibt? Man ist versucht, das zu glauben. Wir sind konfrontiert mit der Zerstörung der natürlichen Lebensräume und Arten, Epidemien mit alten und neuen Krankheiten, zermürbender Armut und weitverbreitetem Hunger, ständigem Völkermord, religiösem Fanatismus und weltweitem Terrorismus, und die um sich greifende Angst vor »dem anderen«

treibt Nationen dazu, sich bis an die Zähne zu bewaffnen, um sich auf Gott weiß was vorzubereiten. Donnell zeigt mit ihrem Weitblick, dass dieser Wahnsinn überwunden werden kann. Innerhalb des Träumens hat sie die Einheit mit der gesamten Schöpfung gesehen und erlebt. Wenn wir uns als Spezies erfolgreich weiterentwickeln wollen, ist es unabdingbar, dass uns diese Verbundenheit, dieses Netz des Lebens, bewusst wird.

Donnells Zeugnis hinterlässt bei den Lesern Fragen: Könnte auch ich solche Erfahrungen machen? Könnte auch ich dorthin gehen, wo sie war? Die Antwort lautet: ja. Sie sind bereits dort. Sie müssen es nur erkennen.

Ich verbeuge mich tief vor Christina Donnell, dafür, dass sie uns den Weg weist. -

Dr. med. Larry Dossey
Autor von »The Power of Premonitions«,
»Heilende Worte« und »Recovering the Soul«

EINLEITUNG

Für mich ist das Träumen ein Impuls meiner Seele. Ich kam schon als bewanderte Träumerin auf die Welt. Als kleines Mädchen konnte ich es kaum erwarten, abends ins Bett zu gehen, weil ich in meinen Träumen überaus geschickt fliegen konnte und jede Nacht großen Spaß daran hatte, Neues und Vertrautes zu erleben. Mit sieben schrieb ich mein erstes »Buch«, einen sechsseitigen Aufsatz über afroamerikanische Spirituals. Da ich auf eine vorwiegend weiße Grundschule ging, waren mein Lehrer und meine Eltern erstaunt über meine Themenwahl und fragten sich, woher ich die Lyrik afroamerikanischer Spirituals kannte. Ich erinnere mich, dass ich ihnen sagte, ich hätte einen Traum gehabt, in dem andere Menschen, die Spirituals sangen, mir diese beigebracht hatten.

Manchmal verändern Träume den gesamten Verlauf eines Lebens. Im Dezember 1990, mit 21, hatte ich meine erste Erfahrung dieser Art, einen prophetischen Traum, in dem ich Zeugin der letzten Momente im Leben meines Vaters wurde. Es war ein kalter Wintermorgen in diesem Traum, und ich sah den Atem meines Vaters wie Nebelwölkchen in die Luft steigen, als er die Spielsachen seiner Enkel aus dem Familienauto holte. Ich sah ihm zu, wie er die 16 Hektar große Farm begutachtete, auf der er seine Familie großgezogen hatte, wie er die Bettseite meiner Mutter küsste und dem Familienhund auftrug, den Hof zu schützen. Dann fuhr er in den örtlichen Laden, wo er sich eine Limonade kaufte und dem Eigentümer sagte, er solle jeden Tag in seiner ganzen Fülle genießen. Nachdem er sich wieder ins Auto gesetzt hatte, zog er ein altes Familienfoto aus seiner Geldbörse, küsste es und steckte es wieder zurück. Dann fuhr er in Richtung Stadt, gelangte aber nur noch auf eine Landstraße. Als das Auto beschleunigte, kam es von der Straße ab und prallte gegen eine große, alte Eiche. Mit dem Aufprall wurde ich im Traum aus meinem Körper katapultiert und gelangte in einen Zustand des ekstatischen Einsseins, koexistierte mit meinem Vater als reines Gewahrsein, und wir beide blickten auf seinen leblosen Körper hinab. In diesem Zustand fand zwischen uns ein Austausch statt, der mich erkennen ließ, dass es keinen Unterschied zwischen dem Tod und dem Göttlichen gibt. Schließlich wurde ich mir wieder vage meines Körpers bewusst und erwachte aus dem Traum.

Zur Zeit des Traumes litt mein Vater an Amyotropher Lateralsklerose (ALS), und man hatte ihm noch weniger als sechs Monate zu leben gegeben. Ich konnte mir die Erfahrung, zu reinem Gewahrsein zu werden und mit meinem Vater in einem ekstatischen Zustand zu koexistieren, nicht erklären, aber ich vermutete, dass ich den Traum gehabt hatte, weil meine Psyche mich auf seinen baldigen Tod vorbereiten wollte. Am Morgen nach dem Traum erschien ich wie immer auf meiner Arbeitsstelle als Leiterin der Praxis für Angststörungen auf der Psychiatriestation des *St. Paul Ramsey Medical Center*. Vormittags kam ein Kollege in mein Büro und teilte mir mit, dass mein Vater tödlich mit dem Auto verunglückt war.

Am nächsten Tag, als ich zum Begräbnis an meinem Elternhaus in Michigan eintraf, waren die üblichen Vorkehrungen nach einem Todesfall schon im Gange. Ich sagte nichts von meinem Traum, obwohl mich mein jüngerer Bruder fragte, ob ich von ihm etwas über den Leichnam unseres Vaters wissen wollte, den er vor der

Einäscherung gesehen hatte, und ich antwortete: »Nein, aber sein Kiefer war ziemlich zugerichtet, oder?« Ohne nachzufragen, wie ich das wissen konnte, antwortete er: »Ja, ich glaube, du wirst ganz froh sein, dass du den Leichnam nicht mehr gesehen hast.«

Nach dem Begräbnis wendeten sich die Gespräche der Möglichkeit zu, dass mein Vater sich das Leben genommen hatte, was mich wieder über die prophetische Natur des Traumes nachdenken ließ. Schließlich wurde das persönliche Hab und Gut meines Vaters meiner Mutter übergeben, und aus der Geldbörse meines Vaters zog sie genau das Familienfoto, das ich ihn im Traum hatte küssen sehen. Anfangs war ich einfach nur verunsichert von diesen zufälligen Übereinstimmungen zwischen meinem Traum und der Realität. Aber der Schock, immer mehr Details des Traums verwirklicht zu sehen, zwang mich, mich mit der Möglichkeit eines erhöhten Gewahrseins durch Träume zu befassen, was ich mir bisher nie hätte vorstellen können, einschließlich Prophezeiungen und der Erfahrung eines grenzenlosen Bewusstseins.

Nach diesem Traum und den darauffolgenden Ereignissen wusste ich drei Dinge: Der Traum war prophetisch gewesen, ich war in eine andere Dimension der Realität eingetreten, und in Träumen liegt ein umfassenderes, tiefgründigeres Wissen, als die alltägliche Realität uns bieten kann. Was ich nicht wusste, war, weshalb ich den Traum gehabt hatte. Auch wusste ich nicht, dass dies die erste von vielen Traumerfahrungen dieser Art sein sollte und dass mein Leben von diesem Zeitpunkt an einen deutlich anderen Verlauf nehmen sollte.

Nach dem prophetischen Traum über den Tod meines Vaters kündigte ich meine Arbeitsstelle in der Klinik, eröffnete eine Privatpraxis und unternahm vier Jahre lang Reisen zu Urvölkern, um mich näher mit Schamanismus zu befassen. Gleichzeitig setzte ich meine Ausbildung in der Zen-Meditation und im Shotokan-Karate fort, die ich kurz vor dem Tod meines Vaters begonnen hatte. 1996 dann hatte ich einen weiteren prägenden Traum, der mein Bewusstsein radikal veränderte. Dieser Traum über einen faszinierenden schwarzen Jaguar, den ich im ersten Kapitel dieses Buches beschreiben werde, bestätigte mir, dass ich mich allmählich dem Ursprung meines Wesens und dem grenzenlosen Potenzial öffnete, das in jedem von uns Menschen angelegt ist.

Da diese Art des Träumens anders war als alles, was ich kannte oder worüber ich gelesen hatte, zögerte ich viele Jahre lang, über diese Vorfälle zu schreiben, da ich bezweifelte, dass man sie als wahrheitsgetreue Berichte akzeptieren würde. Aber als sich Traum um Traum entfaltete, wurde mir klar, dass in diesen Erfahrungen ein Entwurf einer transzendentalen Menschheit steckte, der zum Erwachen unseres unendlichen menschlichen Potenzials beitragen konnte.

Ich kannte Carlos Castanedas bahnbrechende Arbeiten über das Träumen, und auch ich hatte den Träumenden als Mittler zwischen der alltäglichen Welt und einer unsichtbaren Welt erfahren. Aber während in Castanedas Schriften die Erfahrungen des Träumenden oft konfrontativ oder aggressiv sind und daher den Eindruck des Getrenntseins vermitteln, ließen meine Träume deutlich ein Teilhaben an der Energie hinter der sichtbaren Welt erkennen. Diese Abweichung von Castaneda hatte ihren Ursprung höchstwahrscheinlich in zwei übergreifenden Traditionen, die in mir Wurzeln geschlagen hatten: die uralte Gepflogenheit in der asiatischen Literatur, Wege zum Einswerden zu ergründen, und der alte Brauch in Nord-, Mittel- und Südamerika, durch Träume die menschliche Wahrnehmung zu bereichern.

Am Ende wurde deutlich, dass meine persönliche Geschichte – 18 Jahre Kampfkunst und Zen-Meditation, 16 Jahre schamanische Ausbildung und meine Ausbildung als klinische Psychologin – die Rahmenbedingungen für die Entfaltung dessen schuf, was ich jetzt »schöpferisches oder transzendentales Träumen« nenne. Ich verwende das Wort *transzendental,* um auf die neue Richtung hinzuweisen, die meine Reise nahm: von der Identifikation mit dem individuellen Selbst hin zur Identifikation mit unserer wahren, grenzenlosen Natur, die mit der göttlichen Intelligenz verbunden ist, welche das Universum beseelt.

Schöpferisches Träumen ist für die vielen Menschen gedacht, die sich jetzt ihrem latenten menschlichen Potenzial öffnen. In gewisser Weise versucht dieses Buch das Unmögliche – Zustände jenseits von Verstand und Sprache zu beschreiben. Ich hoffe, dass ich mit der Schilderung meiner Traumerfahrungen dazu beitragen kann, das Bewusstsein der Leser für das in ihnen schlummernde, unberührte Potenzial zu steigern. Zumindest aber hoffe ich, dass meine Schilderungen die Verheißung eines Lebens vermitteln, das aus dem wahren Ursprung des Seins heraus gelebt wird: das Aufblühen von innerem Frieden, Ganzheit und Freude – unabhängig von äußeren Bedingungen – und die Verwunderung, mit dem Schöpfer aller Dinge eins zu werden.

DAS TRÄUMEN

Träumen heißt nicht nur, Träume oder Tagträume zu haben oder sich Dinge vorzustellen. Träumen eröffnet uns andere Gefilde und beinhaltet sowohl körperliche Prozesse als auch verschiedene Ebenen des mentalen Gewahrseins. Wenn wir träumen, sehen und erleben wir Realitäten, die wir beschreiben können, obwohl wir nicht erklären können, wie wir sie wahrnehmen.

Beim Träumen, ob im Schlaf- oder Wachzustand, findet eine energetische Veränderung in uns statt, bei der unsere gewohnte Identität sich entspannt und ein allumfassendes, formloses Ich hervortritt, um mit dem größeren, unsichtbaren Feld zu interagieren, in dem wir leben. Beim schöpferischen oder transzendentalen

Träumen haben wir an der göttlichen Intelligenz teil, die das Universum beseelt.

Es gibt drei grundlegende Ebenen des Träumens, jede mit ihrem eigenen Nutzen. Beim gewöhnlichen Träumen ist der Träumende hauptsächlich ein passiver Teilnehmer, der die Form eines Traumes miterlebt. Das gewöhnliche Träumen kann uns wertvolle, nützliche Einblicke in wichtige Lebenssituationen verschaffen, etwa über persönliche Konflikte, Beziehungen oder den Sinn unseres Lebens. Diese Ebene des Träumens kann uns zu größerem Verständnis verhelfen, uns in unserer persönlichen Entwicklung weiterbringen und auch heilend sein.

Eine weitere Ebene des Träumens ist das luzide Träumen. Das geschieht, wenn jemand in der Lage ist, in einem Traum aufzuwachen, sich dabei bewusst zu bleiben, dass er träumt, und den Verlauf des Traumes zu steuern. Luzide Träume sind außerdem wesentlich lebendiger und klarer als gewöhnliche Träume. Wenn ein Träumender geübter im luziden Träumen wird, entfalten sich auch noch weitere Fähigkeiten wie etwa: Bewusstsein an mehreren Orten gleichzeitig zu erleben, Materie zu durchdringen und mit Körpern aus ähnlichem Material am selben Ort zu koexistieren.

Schöpferisches oder transzendentales Träumen hat alle Eigenschaften gewöhnlicher und luzider Träume, bietet jedoch noch wesentlich mehr. Beim transzendentalen Träumen hat der Träumende ein waches Bewusstsein, während er über die Form des Traumes hinaus eins mit dessen Ursprung wird. Der Ursprung des Traumes ist dieselbe Intelligenz, von der die Schöpfung gelenkt wird. Wenn wir in diesem Ursprung erwachen, werden wir eins mit ihm, und unser unendliches Wesen tritt hervor. Somit dient das transzendentale Träumen als Brücke zwischen der manifesten und der nichtmanifesten Realität.

Ein persischer Mystiker und Dichter, der im Westen einfach Rumi genannt wird, schrieb über eine beständige Essenz, die sich durch die Form bewegt: »Wie die Sonne ist ihre Gegenwart manchmal offensichtlich, manchmal nicht, aber sie ist immer vorhanden.«[1*] Ebenso ist die Intelligenz, von der die Schöpfung gelenkt wird, manchmal offensichtlich und manchmal nicht, und doch ist sie immer da und erzeugt Lebenskraft. Durch transzendentales Träumen darin zu erwachen, verschafft uns die Möglichkeit, sowohl Zeugen der Schöpfung zu werden als auch bewusst daran mitzuwirken. In dieser Hinsicht findet beim transzendentalen Träumen sowohl Hingabe als auch eine radikale

Veränderung des Bewusstseins statt. Als eine Form des Miterschaffens schenkt es uns vor allem einen Weg, uns zutiefst in die Schöpfung zu verlieben.

Eine der Herausforderungen, wenn wir uns auf das transzendentale Träumen vorbereiten, liegt darin, das Konzept unterschiedlicher, aber gleichzeitiger Realitäten zu verstehen – die konkrete Realität des täglichen Lebens und die elementarere Ebene der Realität, die alle Objekte und Erscheinungen der manifesten Welt hervorbringt. Das Konzept von zwei Realitäten kann man in fast allen spirituellen Traditionen finden. Die tibetischen Buddhisten nennen es die Leere und die Nichtleere; alle Dinge im Universum fließen in einem grenzenlosen Strom aus der Leere in die Nichtleere, in das Reich der sichtbaren Objekte.[2] Die Hindus nennen die tiefere Ebene der Realität Brahman. Brahman ist formlos und der Ursprung aller Formen, die endlos aus ihm heraustreten und sich wieder in ihm auflösen.[3] Auch die Dogon, eine Volksgruppe im westlichen Sudan, glauben, dass die physische Welt ständig aus einer fundamentalen Ebene der Realität heraus- und wieder in sie hineinströmt.[4] Die Taoisten nennen die elementare Ebene der Realität »das Tao, über das nicht gesprochen werden kann«, während die Indianer es als den Großen Geist bezeichnen. Die Aborigines in Australien glauben, dass der wahre Ursprung des Geistes in der transzendentalen Realität liegt, die sie die Traumzeit nennen.[5] Ebenso ist den schamanischen Traditionen weltweit die Vorstellung gemeinsam, dass allen sichtbaren Formen, den belebten und den unbelebten, eine wesentliche Essenz zugrunde liegt, aus der sie entstehen und von der sie genährt werden.

In jüngerer Zeit haben Quantenphysiker wie David Bohm die tiefere, elementarere Ebene der Realität die implizite oder umfassende Ordnung genannt und unsere alltägliche Welt als die explizite oder entfaltete Ordnung bezeichnet. Bohm und viele seiner Kollegen glauben, dass unser Bewusstsein seinen Ursprung in der impliziten Ordnung der Realität hat.[6] Die Tatsache, dass viele Künstler, Mystiker und Dichter in der Geschichte Zugang zu der Weisheit gefunden haben, die von einer tieferen Ebene der Existenz her aufsteigt, weist darauf hin, dass unser Bewusstsein womöglich tatsächlich in der impliziten Ebene der Realität seinen Ursprung hat.

Ich nenne diese tiefere Ebene der Realität, diese kreative Intelligenz hinter und in der Schöpfung, »das Träumen«. Es ist die Lebenskraft aller lebenden Dinge – Galaxien, Menschen und Bäume – und auch die Kraft in Gesellschaften und Gemeinschaften. Während der gewöhnliche Traum ein flüchtiges Formenspiel ist, das die Welt einigermaßen, aber nicht gänzlich real widerspiegelt, ist das Träumen, die Realität, aus der die Formen kommen und in die sie zurückkehren, das Absolute hinter dem Relativen, das Zeitlose hinter dem Zeitlichen, die Basis, die den Traum erst möglich macht. Das Träumen, oder das Bewusstsein selbst, ist auch gleichbedeutend mit der sonnenhaften Essenz, die durch transzendentales Träumen wahrgenommen und erfahren werden kann.

Transzendentales Träumen unterscheidet sich auch noch in anderer Hinsicht vom gewöhnlichen und luziden Träumen. Wenn wir in einem luziden Traum erwachen, haben wir dennoch ein Gefühl des Getrenntseins. Wir beobachten den Traum. Wenn wir hingegen in einem transzendentalen Traum erwachen, werden wir eins mit der Traumerfahrung und letztendlich mit der Basis, aus der der Traum entsteht, dem Träumen. Wenn wir eins mit dieser Energie werden, die die Form des Traumes erschaffen hat, fühlen wir keine Trennung mehr. Das »Ich« löst sich im Einen auf. Es gibt keinen Beobachter und keine Beobachtung, nur ein Beobachten.

Weiterhin können wir in einem gewöhnlichen Traum zum Beispiel von einer Rose träumen. In einem luziden Traum können wir im Traum erwachen, die Rose sehen und uns selbst dabei beobachten, wie wir an der Rose riechen und ihren Duft wahrnehmen. In einem transzendentalen Traum erwachen wir im Traum, sehen die Rose und werden eins mit ihr. Es gibt kein Ich, keinen Duft und keine Erfahrung eines Duftes. Wir sind zum Duft geworden. Auf dieser Ebene der Erfahrung gibt es kein Tun, nur Sein und die Erfahrung der transzendentalen Realität und unserer unendlichen Natur.

In seinem Buch *Vollendung in Liebe* beschreibt Miguel Ruiz das transzendentale Gewahrsein als die Entdeckung, dass wir eine Kraft sind, aufgrund derer unser Körper leben und unser Geist träumen kann. Das gesamte Universum, sagt er, sei ein Lebewesen, das von dieser Kraft angetrieben wird.[7] Ebenso wissen wir in einem transzendentalen Traum, dass wir weder unser Körper noch unser Geist sind, und doch sind wir uns mehr denn je bewusst, dass wir existieren. Wir kennen uns selbst als Bewusstsein. Sobald wir dies herausfinden, nicht durch Logik, sondern durch Erfahrung, entdecken wir auch, dass wir eins mit der Kraft sind, die Sonnenblumen und Galaxien gestaltet, die den Wind bewegt und die durch den Körper atmet.

Transzendentales Träumen erlaubt es uns, die Verbundenheit mit dieser unermesslichen, unzerstörbaren Kraft zu erleben, die paradoxerweise wir ist und die doch wesentlich größer ist als wir. Wenn wir schließlich eins mit dem Träumen werden, löst sich die Grenze zwischen Bewusstsein und Materie auf, und wir erwachen in einem neuen Zustand der Existenz. Von dieser Warte aus ist es bedeutungslos, Bewusstsein und Materie als wechselwirkend zu bezeichnen. Der Beobachter *ist* der Beobachtete – sie sind ein und derselbe, außer wenn sie in unterschiedlichen Zuständen existieren. Es ist dieser teilhabende Austausch, durch den wir uns dem wahren Ursprung unseres Wesens und der grenzenlosen Macht öffnen, die in uns liegt.

Es hat in der Geschichte immer wieder große Mystiker, Propheten und geniale Männer und Frauen gegeben, die eine direkte Verbindung zum Träumen hatten, uns Materialisierungen vor Augen führten und uns die Macht zeigten, die entsteht, wenn wir in Verbundenheit mit dieser krafterzeugenden Schöpfung leben. So war Jesus eine perfekte Verkörperung dieses Potenzials, was sich in seiner Fähigkeit zeigte, Menschen spontan zu heilen, das Wetter zu beruhigen und in einem neuen Körper wiederaufzuerstehen, während sein Bewusstsein weiterexistierte. Er machte deutlich, dass wir durch die Liebe zu dem, was er Gott nannte – und was ich das Träumen nenne –, und dadurch, andere zu lieben wie uns selbst, radikal transformiert werden können und dasselbe tun können wie er.

Der berühmte italienische Geistliche Padre Pio verließ niemals das San Giovanni-Kloster, in dem er lebte, wurde aber dennoch dabei gesehen, wie er im Zweiten Weltkrieg die Wunden von Soldaten auf dem Schlachtfeld behandelte, und sogar im Vatikan wurde er gesichtet, wo er mit dem Papst konferierte. Amerikanische Jagdflieger, die in der Nähe der San Giovanni-Rotunde geflogen waren, erzählten später, dass es ihnen nicht möglich gewesen war, das Gebiet zu bombardieren, nachdem sie in den Wolken eine riesige Erscheinung in Gestalt eines Mönches gesehen hatten.[8]

Die vielleicht berühmtesten Materialisierungen der heutigen Zeit sind die von Sathya Sai Baba, einem heiligen Mann aus Südindien. Zahlreiche Zeugen haben berichtet, Sai Baba dabei gesehen zu haben, wie er mit den Fingern schnippte und verschwand – und sofort 100 Meter weiter oder noch weiter entfernt wieder auftauchte. Sai Baba praktiziert Materialisierungen auf diese Weise, um anderen Hilfe zu leisten. Besonders bekannt ist er für seine Fähigkeit, in seinen Händen eine endlose Menge *vibhuti* oder heiliger Asche entstehen zu lassen.[9] Dies sind nur ein paar der vielen historischen Persönlichkeiten, die uns das grenzenlose menschliche Potenzial gezeigt haben, das das Geburtsrecht jedes Menschen ist.

Bei den meisten Menschen ist ein solches Erwachen kein einzelnes, transformatives Ereignis, sondern es entfaltet sich allmählich. Aber auch die wenigen Menschen, die ein plötzliches, dramatisches Erwachen erleben, durchlaufen eine allmähliche Entwicklung, in der sich das neue Bewusstsein langsam in ihr Leben integriert. Ob es also schrittweise geschieht oder einem Quantensprung des Bewusstseins gleichkommt – das transzendentale Träumen weckt die transzendentalen Fähigkeiten, die im Menschen schlummern und das natürliche Erbe der Menschheit sind.

Dieses Buch schildert meine Erfahrungen mit dem Erwachen des latent vorhandenen menschlichen Potenzials durch Träumen. In den einzelnen Kapiteln geht es um zehn meiner Träume, die am besten den Prozess veranschaulichen, wie ich mich unserer transzendentalen Natur geöffnet habe. Sie sind so strukturiert und angeordnet, dass der Leser meine Traumerfahrungen mit verfolgen kann und zunehmend mehr über ihre Bedeutung für die Erweiterung des Bewusstseins und den Zugang zur transzendentalen Realität erfährt. So habe ich für den Leser die allmähliche Entfaltung meines Erwachens festgehalten, von meiner Orientierungslosigkeit, die auf den ersten Traum folgte, bis zu meiner zunehmenden Fähigkeit, diese Erfahrungen einzuordnen. In Fällen, in denen sich die Träume materialisierten und das Leben bestimmter Menschen beeinflussten, wurden deren Namen geändert und einige Umstände leicht abgeändert, um die Identität der betreffenden Personen zu schützen.

Die ersten beiden Traumerfahrungen lassen eine erste radikale Transformation meines Bewusstseins erkennen. Der dritte Traum offenbart, wie verbunden wir alle miteinander sind und was geschehen kann, wenn unser Bewusstsein den Raum transzendiert. Der vierte Traum verdeutlicht die Auswirkungen feinstofflicher Bereiche der Realität auf die manifeste Welt. Die Träume fünf und sechs zeigen die tiefgreifenden Veränderungen in der Wahrnehmung, die eintreten, wenn wir eins mit dem Ursprung der Träume werden, was ich das Träumen nenne. Während der siebte Traum eine neue Ebene der Wahrnehmung von einem Bewusstseinsort außerhalb des Körpers aus kennzeichnet, fasst der achte Traum die vorigen Traumerfahrungen zusammen. Die letzten beiden Träume spiegeln das Miterschaffen und Teilnehmen an einer linearen Welt aus einer multidimensionalen Realität heraus wider. Jedem Bericht über die jeweilige Traumerfahrung folgen Betrachtungen darüber, welche Bedeutung und Wichtigkeit ihnen darin zukommt, unsere transzendentale Natur zu entfalten.

Letztlich zeigt dieses Buch einen Weg auf, durch den wir einen Zugang zu unserer unendlichen Natur finden können, und es enthält einen Entwurf für eine transzendentale Menschheit. Es befasst sich auch mit der Frage, wie wir in der gewöhnlichen Welt leben können, nachdem wir Zugang zu dieser transzendentalen Realität gefunden haben. Wenn wir uns dem wahren Ursprung unseres Wesens öffnen und das uns innewohnende Träumen erleben, erwachen Wahrnehmungen und Fähigkeiten in uns, die über alles hinausgehen, was wir in unserer alltäglichen Welt kennen, und uns unendliche Möglichkeiten eröffnen.

Wenn wir uns als eins mit dem Träumen erkennen, dann gibt es weder Erde noch Himmel – alles ist das Träumen. Von diesem Augenblick an werden wir von immerwährender Freude, Wissen und Liebe begleitet.

EINE RADIKALE
BEWUSSTSEINSVERÄNDERUNG

Mein erster nichtprophetischer Traum, der mir die radikale Bewusstseinsveränderung zeigte, die durch Träumen möglich ist, enthielt eine Symbolik, die ihren Ursprung in meinen Erfahrungen mit der Zen-Meditation und den schamanischen Lehren hatte. Damals führte ich eine Privatpraxis als klinische Psychologin und gab Workshops über Schamanismus, wenn ich nicht gerade selbst neue Unterweisungen im Schamanismus erhielt oder auf Reisen war.

Seit sechs Jahren war ich von einer seinsei (Kampfkunst-Lehrerin) in der Zen-Meditation unterwiesen worden, die mir erklärte, dass der Geist genau wie das Universum in Schichten aufgebaut ist, vom Oberflächlichen zum Tiefgründigen. Wenn wir den Geist auf der oberflächlichen Ebene des gewöhnlichen Denkens benutzen, ist unsere Macht eingeschränkt. Aber wenn wir den Geist dazu benutzen, um Zugang zu tieferen Bewusstseinsebenen zu erhalten, wird eine andere Art von Macht für uns verfügbar. Das Bewusstsein auf den tiefsten Ebenen des Geistes ist fähig, Universen zu erschaffen. Dann fügte sie hinzu: »Du musst den Geist zum Schweigen bringen, um die tieferen Ebenen des Bewusstseins kennenzulernen. Du musst eine Zielgerichtetheit im Geist herstellen, damit die Energiedichte deines Geistes größer wird und du eine andere Art von Macht kennenlernen kannst.«

Während dieser Unterrichtsstunde war ein Bild nach dem anderen vor meinem geistigen Auge erschienen. Ich sah Gesichter, das drahtige Fell am Unterbauch eines Hundes und verschiedene Landschaften. Jedes Bild schien lebendig und real zu sein, und ich begann mich zu fühlen wie früher als Kind, als ich in meinen Träumen fliegen konnte. Als ich sie fragte, ob das normal sei, schüttelte sie den Kopf und sagte. »Die Bilder sind Ablenkungen. Dein Geist ist nicht still. Deshalb musst du meditieren.«

Solche Bilder schwirrten mir ständig im Kopf herum und waren für gewöhnlich so lebendig, dass sie unvermeidlich meine Aufmerksamkeit auf sich zogen.

Ein faszinierendes Bild, das immer wieder auftauchte, war ein schwarzer Jaguar, der in einem Baum saß und den Dschungel unter sich beobachtete. Nachdem ich ihn dreimal gesehen hatte, begann ich mich zu fragen, warum der Jaguar immer in dem Baum saß und die Welt aus der Distanz betrachtete.

Schließlich erkannte ich, dass er eine treffende Metapher für diese Phase meines Lebens war: Ich hatte eine 11-jährige Beziehung beendet, meine außerordentliche Stelle an der Universität von Minnesota aufgegeben, meine Position als Leiterin der Praxis für Angststörungen im Medical Center gekündigt und meine Kampfkunstübungen auf tägliche Qi-Gong-Grundübungen beschränkt, bei denen mit Elementen in der Natur gearbeitet wird. Ich hatte mich dafür entschieden, mein ehrgeiziges, aktives Leben zu einem einfacheren, qualitativeren und besinnlicheren Leben zu verändern und mehr Zeit damit zu verbringen, Urvölker zu besuchen, mich mit ihrer Kultur zu befassen und meine inneren Fähigkeiten zu ergründen.

Der folgende Traum ereignete sich 1996. Obwohl ich meinen alten Ehrgeiz und meine Betriebsamkeit in der äußeren Welt mittlerweile durch die Erforschung meiner inneren Welt ersetzt hatte, fühlte ich mich noch nicht ganz wohl mit diesem Wandel und hatte meine inneren Entdeckungen noch nicht in die alltäglichen, sich wiederholenden Ereignisse meines Lebens integriert. Der Traum schien die Absicht widerzuspiegeln, meine innere Welt noch eingehender zu erforschen.

Während ich mit geschlossenen Augen im Bett lag und meine Aufmerksamkeit auf den Punkt zwischen meinen Augen gerichtet hielt, erschien Bild für Bild vor meinem geistigen Auge. Durch die Meditation hatte ich mich daran gewöhnt, Bilder kommen und gehen zu lassen, ohne meine Konzentration zu unterbrechen. Dann überkam mich ein schweres, zuckersüßes Gefühl, das ich später mit transzendentalem Träumen in Verbindung bringen sollte und das mich in den Schlaf zog.

Ich erwachte in einem Traum, in dem ich genau das tat, was ich vor dem Traum getan hatte – im Bett liegen und mich auf den Punkt zwischen meinen Augen konzentrieren. Dann tauchte das Bild des schwarzen Jaguars auf, der in seinem Baum saß und aufmerksam den Dschungel unter sich beobachtete, und lenkte mich ab. Der Teil meines Gewahrseins, der den Traum beobachtete, fand es seltsam, dass das Bild des Jaguars in einem Traum aufgetaucht war. Mit diesem Gedanken wurde meine Aufmerksamkeit in den Traum hineingezogen und tauchte so sehr in das Bild des Jaguars ein, dass ich mein Körpergefühl verlor und mich fühlte, als würde ich in der Luft hängen.

Zwar tritt das Gefühl, das Gewahrsein des eigenen Körpers und der physischen Umgebung zu verlieren, bei vielen Menschen auf, die Meditation praktizieren, aber dies hier war keine Meditation. Tatsächlich spürte ich bald, dass mein Gewahrsein begann, sich aufzulösen. Dieses Gefühl war so außergewöhnlich und angenehm, dass meine Aufmerksamkeit unwiderstehlich weiter in das Jaguarbild hineingezogen wurde. Plötzlich fuhr ein stechend helles Licht - begleitet von extremer Hitze - in meinen Kopf. Völlig unvorbereitet auf eine solche Erfahrung bekam ich Angst und wurde mir wieder meines Körpers bewusst. Während das Leuchten in meinem Inneren immer heller und heller wurde, hatte ich ein schwingendes Gefühl und nahm dann einen Bewusstseinspunkt wahr, der ich war und der sich allmählich über meinen Körper hinaus ausdehnte.

Inzwischen hatte sich mein Körper aufgelöst, er war mir nicht mehr bewusst. Ich war jetzt reines Bewusstsein - ohne Form, Gefühl oder Empfindung -, das sich ohne Grenzen in jede Richtung ausdehnte. Ich war nicht mehr, wie ich mich immer gekannt hatte, ein kleiner Punkt des Gewahrseins in einem Körper, sondern ich war unendliches Bewusstsein, das in Licht badete und in einem Zustand des Hochgefühls schwelgte. Nach einiger Zeit fühlte ich, wie sich mein Bewusstsein zusammenzog und immer kleiner wurde, bis mir wieder undeutlich die Umrisse meines Körpers bewusst wurden. Ich fragte mich eine Zeit lang, ob ich gleich wohl wieder zurück in meinen Körper schlüpfen würde, wusste aber nicht, wie ich das bewerkstelligen sollte. Schließlich passierte es einfach, und ich erwachte aus dem Traum und war mir wieder meines Körpers bewusst und der Autos, die vor meinem Fenster auf der Straße vorbeifuhren.

Ich fühlte mich benommen und verwirrt, als ob ich aus einem fremden Land zurückgekehrt wäre, aber das Sonnenlicht, das durch das Fenster auf mein Gesicht schien, beruhigte mich. Neben mir saß meine Freundin Miriam am Bettrand. Ich versuchte, meine Arme und Hände zu heben, aber sie fühlten sich schlaff und leblos an. Und während ich jedes Wort von Miriam verstand, konnte ich selbst keinen Gedanken fassen oder sprechen. Ich erfuhr, dass ich fast 36 Stunden lang in diesem Zustand gewesen war. Ich hatte einen ganzen Arbeitstag und eine Verabredung zum Abendessen mit ihr verpasst, und als ich morgens nicht ans Telefon gegangen war, war sie zu mir gefahren, um nachzusehen, was los war.

Schließlich stand ich auf, obwohl meine Beine sich schwach anfühlten und unter mir wackelten. Erschöpft und beunruhigt ging ich nach einer Weile hinaus, um einen kurzen Spaziergang zu machen, weil ich dachte, dass mir das helfen würde, wieder zur Normalität zurückzufinden. Kurz darauf krümmte ich mich unter einer unerträglichen Hitze, die von meinem Bauch durch meinen Hals aufstieg, und ich fühlte mich, als müsste ich Feuer speien. Ich kehrte ins Haus zurück und setzte mich aufs Sofa, hatte keinerlei Interesse an irgendetwas und fühlte mich wie von meiner Umgebung abgetrennt. Miriam verbrachte den restlichen Tag bei mir, um sicherzugehen, dass alles in Ordnung war mit mir, und fuhr dann abends nach Hause. Ich ging früh ins Bett, hatte einen unruhigen Schlaf und seltsame Träume, war mir aber bewusst, das ein Teil meiner selbst mich beim Schlafen beobachtete.

Gegen 5 Uhr morgens sank wieder dasselbe schwere, zuckersüße Gefühl auf mich herab, und ich erwachte im selben Traum wie in der vorigen Nacht. Der Jaguar saß im selben Baum und beobachtete aufmerksam den

Dschungel unter sich. Wieder wurde ich in das Bild hineingezogen, und Licht drang in meinen Kopf und erfüllte mich mit Glückseligkeit und Energie. Als ich spürte, wie ich mich auflöste, weitete sich mein Bewusstsein erneut in alle Richtungen aus und zog sich dann langsam zusammen. Als ich mir schließlich wieder meines Körpers bewusst wurde, raste mein Herz, ich hatte einen metallischen Geschmack im Mund und meine Erschöpfung war noch größer als nach dem ersten Traum.

Ich fühlte mich nicht mehr wie dieselbe Frau, die ich wenige Tage zuvor noch gewesen war. Es geschah etwas Unfassbares und Mächtiges, das ich nicht greifen oder analysieren konnte, und ich hatte ein Gefühl von Furcht, das ich nicht abschütteln konnte. Von diesem Tag an sollte ich nie mehr wie früher sein. Die nächsten Jahre sollte ich immer zwischen Geist und Materie, zwischen Himmel und Erde schweben.

Betrachtungen

Die Tage unmittelbar danach waren ein einziger Alptraum. Ich nahm ein intensives inneres Glühen wahr, das sich in stetiger, schneller Bewegung befand. Die Nächte waren besonders schwierig, da der Lichtstrom, der in den beiden Träumen in meinen Kopf gedrungen war, in den nächtlichen Stunden offenbar an Geschwindigkeit und Intensität zunahm. Ich fühlte meine Energie zunehmen, abnehmen und sich neu ordnen. Ich fühlte und bemerkte deutlich die Leuchtkraft, die in ein Feld ausstrahlte, das meinen Körper umgab und mit diesem verbunden war, und lag gewöhnlich die ganze Nacht lang wach und sah mir selbst beim Schlafen oder Träumen zu. Mit der zunehmenden Energie, die meinen Körper durchströmte, schienen meine Arme und Hände immer mehr ein Eigenleben zu führen. Wenn ich lag, vibrierte mein Körper, auf welcher Unterlage er auch ruhte. Vor meinem geistigen Auge erschien mit großer Geschwindigkeit ein Bild nach dem anderen. Als einmal eines stehen blieb, packte mich die Angst, weil ich keine Kontrolle darüber hatte, wieder hineingezogen zu werden und zu spüren, wie mein Gewahrsein sich auflöste. Bald darauf begannen die Bilder, mir sogar mit geöffneten Augen zu erscheinen, wie ein Lösungsmittel, das sich an dem Leim zu schaffen machte, der mein Gewahrsein zusammenhielt.

Noch beängstigender war die Tatsache, dass mein Bewusstsein nicht so stabil war wie bisher, sondern sich nun, auf geheimnisvolle Weise von den Bildern gesteuert, ausdehnte und wieder zusammenzog, so dass ich befürchtete, dass mich nur noch ein schmaler Grat vom Wahnsinn trennte. Das Ausdehnen und Zusammenziehen meines Bewusstseins veränderte, wie mein Geist arbeitete. Ich bemerkte ein leuchtendes Glühen - rund um Objekte - sowohl vor meinem geistigen Auge als auch in meiner physischen Umgebung. Dieses Glühen war in seiner Dimension oder Intensität nie konstant, sondern nahm zu und ab und veränderte manchmal auch seine Farbe. Gopi Krishna, ein indischer Autor und bekannter Yogi und Lehrer aus dem 20. Jahrhundert, hat eine ähnliche Wahrnehmung als Reaktion auf das erste Erwachen der Kundalini[1] festgestellt, aber für mich ging es noch darüber hinaus. Als das Glühen in seiner Größe und Helligkeit zunahm, wurde der Drang, eins damit zu werden, stärker, bis mein Gewahrsein sich in den unsichtbaren Energien hinter der manifesten Welt auflöste. Während dieser Zeit machte ich oftmals die Erfahrung, gleichzeitig im Bett zu liegen und im Erdgeschoss umherzugehen, wobei mein Gewahrsein an beiden Orten zugleich war. Drei Personen – zwei Freunde und ein Klient – erzählten mir unabhängig voneinander, dass sie aufgewacht waren und mich am Fußende ihres Bettes hatten stehen sehen. Ich erinnerte mich tatsächlich daran, dass ich im Bett gelegen und gleichzeitig am Fußende des Bettes eines Freundes gestanden und mich gefragt hatte, was ich dort machte, hatte aber keine bewusste Erinnerung an die beiden anderen Vorfälle. Ich wusste, dass diese Erfahrungen etwas mit der Menge an Energie zu tun hatten, die durch meinen Körper strömte, und damit, dass ich eins mit Bildern wurde.

Bis März 1997 hatten alle diese Erfahrungen ihren körperlichen Tribut gefordert. Ich litt an extremer Erschöpfung und hatte gleichzeitig ein merkwürdiges Gefühl der Begeisterung und Melancholie. Lange Zeit war ich mir nicht sicher, was mein Zustand bedeutete. Vom Blickwinkel der Zen-Meditation her mutmaßte ich, dass ich vom reinen Beobachten des Auf und Ab des Gewahrseins dazu übergegangen war, an Objekten oder Bildern in meinem Gewahrseinsbereich teilzuhaben. Die Menge an Energie, die in einem Bild konzentriert war, das Verschmelzen in einen teilhabenden Austausch damit und die Energie, aus der das Bild selbst entstanden war, hatten meine Wahrnehmung verändert. Zudem hatte sich meine Wahrnehmung in der sinnlichen Dimension der Erfahrung verankert, aus der natürlichen Fähigkeit des Körpers heraus, mit anderen Formen mitzuschwingen. David Abram hat in seiner Arbeit mit traditionellen Zauberern oder *dukuns* des indonesischen Archipels eine ähnliche Verankerung der Wahrnehmung in sinnlichen Realitäten festgestellt.[2] Somit war das, was in meiner Zen-Meditation als Ablenkung gegolten hatte, für mich zu einem neuen Weg geworden, um mich auf die fühlende Welt einzulassen. Vom Blickwinkel meiner schamanischen Ausbildung her schien der Traum mit den Begegnungen zusammenzuhängen, die ich mit den medizinischen Traditionen und Energieübertragungen der peruanischen Q'ero-Indianer im Hochgebirge der Anden gehabt hatte. Die Q'ero-Indianer gelten als Herrscher des Reiches der Energie, der primären Realität, in der sie leben, und sie kommunizieren durch Energiekräfte mit der Natur. So finden sie beispielsweise in einem großen geografischen Gebiet heraus, wo sie sich befinden, indem sie das energetische Gefühl des Terrains zurate ziehen statt physische Merkmale. Für die heilkundigen Q'ero-Indianer spricht jedes Element der Landschaft: Jede Bewegung kann zielgerichtet sein, jedes Geräusch bedeutungsvoll. Je mehr Zeit ich bei den Q'ero verbrachte, umso mehr wurde es mir zur zweiten Natur, am Gespräch mit der belebten Natur teilzunehmen und die angeborene Fähigkeit meines Körpers wahrzunehmen, mit der Landschaft mitzuschwingen. Weiterhin leben die Q'ero nicht in der linearen Zeit und erkennen daher kein Ereignis an, das gerade geschehen ist oder geschehen wird. Da sie energetisch mit mir kommunizierten, sich nicht über ihr Tun mitteilten und Quechua sprachen, das erst ins Spanische und dann ins Englische übersetzt werden musste, erfuhr ich das meiste von ihnen ohne mündliche Übermittlung. Während ich mich bemühte, die Q'ero zu enträtseln, begann ich auf eine nie gekannte Art und Weise zu sehen und zu hören.

Zwei Monate vor dem Traum hatte ich als Einweihung eine *mosoq karpay*-Energieübertragung von Don Manuel Quispe, dem höchsten Medizinmann der Q'ero, erhalten. Jedes Mal, wenn ich eine Übertragung von ihm erhielt, war ich ein oder zwei Tage lang in demselben schweren, zuckersüßen Zustand wie im Traum. Da ich diese Empfindung im Traum gehabt und darin das Bild des schwarzen Jaguars gesehen hatte, der in den Anden hoch verehrt wird, ließ mich das vermuten, dass meine Traumerfahrung mit der *mosoq karpay*-Übertragung zusammenhing.

Zur Zeit dieses Traumes wusste ich, dass es Indizien für Kräfte und Existenzebenen jenseits unserer Sinne gibt. Ich erkannte auch, dass sich das Bild des vom Intellekt gezeichneten Universums verändert, wenn wir auf andere Ebenen der Realität stoßen. Aber mit Ausnahme meiner Traumerfahrungen hatte ich keine Kenntnisse über die technischen Einzelheiten und Folgen der Begegnung mit unterschiedlichen Ebenen der Realität.

Heute, nach 16 Jahren medizinischer Arbeit mit den Q'ero, verstehe ich ihre Mittel und Wege besser, verschiedene Ebenen der Realität wahrzunehmen, sowie ihre Techniken, um Wissen zu bewahren und zu übermitteln. Während wir normalerweise ein Objekt oder Wesen wahrnehmen, unser Gewahrsein davon trennen und ihm einen Namen geben, werden die Q'ero eins mit einem Objekt oder Wesen, um es zu erfahren. Sie sind Meister darin, in einen teilhabenden Austausch zwischen sichtbaren und unsichtbaren fühlenden Formen und Kräften zu treten. So wissen sie zwar nicht, dass Wasser aus einem Sauerstoffatom und zwei Wasserstoffatomen besteht, können aber mühelos Regen herbeirufen, indem sie mit der Energie hinter und in dem Regen eins werden.

Durch meinen Kontakt mit den Q'ero-Indianern wurde ich immer bewanderter darin, mein Gewahrsein eins mit nichtmenschlichen Formen werden zu lassen, um sie unabhängig von meinem Intellekt direkt zu verstehen. Indem ich zum Beispiel mein Gewahrsein mit Pflanzen vereinte, erfuhr ich, wofür sie am nützlichsten waren und was sich in ihrer unmittelbaren Umgebung ereignet hatte. Ich hatte keine Ahnung, dass die Entwicklung der Fähigkeit, die eigene Wahrnehmung mit einem anderen Gewahrsein zu vereinen, sich so tiefgreifend auf Geist und Körper auswirken konnte. Ich bin mir sicher, dass durch mein Gewahrsein anderer Formen auch mein Träumen an Tiefe gewann.

Obwohl mir ein theoretischer Bezugsrahmen fehlte, um diese Phänomene zu verstehen, machten sie mir deutlich die Existenz verschiedener Ebenen der Realität bewusst. Ich erkannte, dass wir allein innerhalb unseres physischen Körpers in mindestens zwei Welten leben. Es gibt die makroskopische Welt, die wir sehen – unser Fleisch und unsere Knochen. Und es gibt auch die mikroskopische Welt unserer Lebenskraft: zahllose subatomare Felder, in denen keine Materie mehr vorhanden ist und nur Wahrscheinlichkeiten in einem Vakuum existieren, was irgendwie ein wunderbares Gleichgewicht im Körper herbeiführt. Diese beiden Bereiche sind verschieden, ergänzen sich aber. Beide sind wahr; es sind einfach nur unterschiedliche Ebenen der Realität.

Mehr als je zuvor erkannte ich jetzt, dass ich nicht nur Fleisch und Knochen war, sondern auch zahllose Felder subatomarer Teilchen. Obwohl ich nicht bewusst die Mathematik jeder Ebene der Realität kannte, fühlte ich mich, als ob ich in einem teilhabenden Austausch mit beiden stand. Physische, biochemische und energetische Veränderungen schienen alle ein Teil dieser neuen Art der Wahrnehmung zu sein. Der Weg zu einem erweiterten Bewusstsein schien direkt zurück zu meinem Körper und meinem Geist zu führen – zu ihrer Quantennatur und ihrem grenzenlosen Potenzial. Was mein Verständnis immer noch überstieg, war mein unkontrollierbarer Drang, in Bilder einzutreten, was immer zur Folge hatte, dass mein Gewahrsein sich auflöste. Erst wesentlich später erkannte ich, dass dies die erste Phase des Einswerdens mit dem Träumen war, der unsichtbaren, impliziten Ebene der Realität, die der Ursprung der Schöpfung ist.

Die Veränderung meines Bewusstseins war ein Indiz für dieses Erwachen. Von einem Bewusstsein, das von meinem Ego und meiner Sozialisierung beherrscht worden war, hatte es sich zu einem Bewusstsein erweitert, das über alles bisher Bekannte und Vertraute hinausging. Mein Ego oder »Ich« bestand fort, aber statt einer begrenzten Einheit war es jetzt ein leuchtendes

Feld von riesigen Ausmaßen. Mein Ego-Bewusstsein und ein unendlich ausgedehnter Gewahrseinsbereich existierten nebeneinander, voneinander verschieden, aber doch eins. Es war, als ob mein Geist sowohl hier war als sich auch durch Raum und Zeit hindurch ausbreitete.

TRAUM II

DIE GRENZEN DER GEWÖHNLICHEN REALITÄT

In den Wochen nach dem ersten Traum verschlechterte sich mein körperlicher Zustand zusehends, und mein Bewusstsein war noch weit davon entfernt, wieder stabil zu sein. Jeder längere Konzentrationsversuch führte unvermeidlich dazu, dass die Erfahrung des erweiterten Bewusstseins noch intensiver wurde, bis ich ganz Bewusstsein war, überall gleichzeitig, ohne Form. Im folgenden Traum, der sich in den zwei Monaten nach dem ersten ereignete, wurde ich mit der Grenze zwischen Leben und Tod konfrontiert.

Ich erwachte in einem Traum und bemerkte den vertrauten Energiestrom durch meinen Körper, der sich abwechselnd beschleunigte und verlangsamte. Es gab einen letzten Anstieg, und als er abebbte, befand ich mich in der Schwebe, an der Schwelle des Todes. Ich war mir deutlich bewusst, dass mir gezeigt wurde, wie man stirbt und was zu diesem Zeitpunkt mit dem Gewahrsein geschieht. Während ich in diesem Schwebezustand verweilte, fühlte ich Anspannung in jeder Zelle meines Körpers, aber auch ein Einströmen von Seligkeit. Nach einer unbekannten Zeit wurden mein Geist und mein Körper müde, und der Drang, die Grenze zu überschreiten, wurde sehr stark. Nachdem mehr Zeit vergangen war, ergab ich mich einfach, und an diesem Punkt löste sich mein Gewahrsein auf, bis ich zu Bewusstsein ohne Form oder Begrenzung wurde und in einen Zustand der Ekstase eintrat.

Zwölf Stunden später erwachte ich mit derselben Abgeschlagenheit und Unfähigkeit, meine Gedanken zu ordnen, wie nach meinem ersten Traum zwei Monate zuvor. Innerhalb weniger Stunden erkrankte ich an einer Lungenentzündung.

Zudem hatte ich wegen der Dauer des Traums die Disputation der Doktorarbeit eines Studenten verpasst, aber nichts in der alltäglichen Welt bedeutete mir noch etwas. Mehrere Monate lang war es mir gleichgültig, ob ich auf der Erde war oder nicht, und ich sehnte mich nach der anderen Seite, ohne zu verstehen, warum. Obwohl mir der genaue Sinn dieses Sehnens nicht klar war, war mein Träumen eine harte aber aufschlussreiche Erfahrung gewesen, die mir Einblicke in die unterschiedlichen Zustände von Leben und Tod verschafft und mir gezeigt hatte, welches Potenzial in mir und allen Menschen vorhanden ist.

Betrachtungen

Diese Traumerfahrung hatte ich immer wieder, sie dauerte aber nicht mehr so lange. Ich wusste, dass mir eine multidimensionale Realität gezeigt wurde, mit Existenzebenen, die sich in ihrer Dichte voneinander unterscheiden. Wie der erste Traum machte auch dieser meinen Geist instabil. Mein Bewusstsein dehnte sich oft unkontrollierbar aus und zog sich wieder zusammen, so dass Energie in meinem Körper und um ihn herum strömte. Manchmal, wenn ich die Augen schloss, konnte ich genau die mikroskopischen Lebenskraftfelder des Körpers sehen: unzählige kreisende Ströme, die an einigen Stellen Wirbel bildeten, alle ein Teil eines riesigen Lichtmeers, ständig in Bewegung, in meinem Körper und außerhalb davon. Mit dem zweiten Traum hatte sich durch die neue Aktivität in meinem Körper meine Wahrnehmung weiter verändert, vom reinen Beobachten hin zu einem teilhabenden Austausch mit dem Gegenstand der Wahrnehmung, egal, ob es sich dabei um einen Gedanken, ein Bild oder ein Ereignis handelte.

Als Nebenprodukt dieses Traums und seiner Wiederholungen wurde ich schon bald eine Begleiterin für jene, die in das geistige Reich hinübergingen. Ich fand mich an der Seite von sterbenden Tieren und Menschen wieder und konnte sie ganz selbstverständlich auf dieser Reise begleiten. Ich konnte auch Menschen helfen, die im Koma lagen. Aber obwohl ich gerne mit diesen Individuen arbeitete, fühlte ich mich ihnen gegenüber gleichgültig – ja sogar dem ganzen Leben gegenüber. Ich hatte aus tiefstem Herzen meine Familie, Freunde und Bekannten geliebt, aber jetzt schien ich keinerlei Liebe für irgendetwas mehr zu empfinden. Dieser Verlust an Zuneigung machte mich ganz verzweifelt, ich fühlte mich dessen beraubt, was dem Leben seinen größten Zauber verleiht. Und da ich keine Anzeichen für irgendeine spirituelle Inspiration durch diese Erfahrungen feststellen konnte, hatte ich Zweifel an dem, was mit mir geschah.

Ich wollte meine Zweifel zum Schweigen bringen, indem ich nach einer Erklärung für meinen Zustand suchte und nach einer Methode, um damit umzugehen. Obwohl meine schamanischen Lehrer bei den Q'ero meinen Zustand vielleicht hätten erklären können, hinderte mich die Sprachbarriere daran, sie danach zu fragen. Ohne die Weisheit eines Lehrers, an die ich mich halten konnte, kam ich zu dem Schluss, das sich mein erweitertes Bewusstsein im Kontakt mit dem Reich der Lebensenergie befand. Ich erkannte, dass Energie zwar normalerweise nicht von uns wahrnehmbar ist, ich aber womöglich das erste feinstoffliche Feld erlebte, das in den Bereich der Wahrnehmung gelangt, wenn sich das Bewusstsein erweitert. Offenbar entfaltete sich eine latente Fähigkeit in mir, die ihre eigene organische Zeiteinteilung und ihr eigenes Leben hatte; ein teilhabender Austausch mit der Lebensenergie war zu meinem Mentor geworden, und das Träumen war das Medium für unsere Beziehung. Sobald ich zu diesem Schluss gekommen war, warf ich alle Bedenken über Bord und ließ meine Erfahrungen sich weiter entfalten.

Im Laufe der nächsten zehn Jahre wurde mein Gewahrsein in Träumen und außerhalb davon immer wieder eins mit Bildern, wodurch sich meine Wahrnehmung immer neu definierte und sich mein Gewahrsein des Träumens vertiefte – der Energie in und hinter den Bildern oder Träumen. Meine Träume schienen zunehmend als Vorbereitung dafür zu dienen, eins mit dem Träumen zu werden, so dass das transzendentale Träumen wie ein Beschleuniger für das Erwachen meines grenzenlosen Wesens wirkte.

TRAUM III

DIE ILLUSION
VON RAUM UND ZEIT

Während meine Traumerfahrungen mir immer geläufiger wurden, wurde ich mir auch immer sicherer, in keiner unmittelbaren körperlichen oder mentalen Gefahr zu schweben. Obwohl mein Körper und mein Geist wegen der ständigen Bewegung in meinem Bewusstsein immer noch ein wenig instabil waren, wuchs allmählich meine Kraft. Seit der ersten Traumerfahrung, in der eine grundlegende Bewusstseinsveränderung stattgefunden hatte, brauchte ich nicht mehr besonders viel Schlaf. Wenn ich schlief, dann war es allerdings kein geruhsamer Schlaf, weil ein Teil von mir

mir selbst beim Schlafen zusah. Der folgende Traum machte mir noch deutlicher bewusst, wie illusorisch Raum und Zeit auf anderen Ebenen der Realität sind.

Ich war entspannt zu Bett gegangen. Etwa um zwei Uhr morgens überkam mich die verräterische schwere, zuckersüße Empfindung. Gleichzeitig fühlte ich, wie sich die Energie in meinem Körper immer wieder beschleunigte und verlangsamte.

Als sich das Energiemuster verlangsamte, fand ich mich plötzlich als reines Bewusstsein ohne Form wieder, das einem kleinen Jungen mit Kinderlähmung folgte, der singend von der Schule nach Hause ging, eine Orthese am Bein, die andere in den Armen. Ich sah ihn zu Abend essen und dann das Geschirr vom Tisch räumen. Als es Zeit für ihn war, ins Bett zu gehen, beobachtete ich, wie sein Vater ihn ins Bad begleitete, ihm half, die Zähne zu putzen, die Beinorthesen abzunehmen und sich zu entkleiden, und wie er ihm liebevoll in seinen Pyjama half. Dann öffnete der Vater seine Hose, holte seinen Penis heraus, nahm die Hand des Jungen und legte sie darauf. An diesem Punkt begann mein Bewusstsein, eins mit dem Jungen zu werden, und ich wurde gleichzeitig sowohl zu seiner Angst als auch zu seiner Aufregung sowie eine formlose Energie, die ihn auf irgendeine Art veränderte.

Als er sicher im Bett lag, wurde ich mir bewusst, dass ich, wenn ich den Traum verließ, den Jungen nicht weiter würde beschützen können, was große Konflikte in mir auslöste. Ich wusste, dass ich auf unbestimmte Zeit in diesem Zustand bleiben oder in meinen Körper zurückkehren konnte, obwohl ich mich nicht erinnern konnte, warum ich in meinen Körper zurückkehren sollte, da ich vollständig von ihm abgetrennt war. Dann plötzlich wurde ich zu einem Energiemuster, das sich schnell beschleunigte und verlangsamte, und ich beschloss voller Traurigkeit, in meinen Körper zurückzukehren.

Der interessanteste Teil dieser Traumerfahrung ergab sich fünf Jahre später. Ich war mit einem Mann zu Abend essen, den ich seit Anfang 20 kannte. Wir sprachen über den bevorstehenden Tod seines Vaters, und er fragte mich, ob ich ihm einen guten Therapeuten empfehlen könnte, damit er einige Probleme aus der Kindheit aufarbeiten und mit seiner Beziehung zu seinem Vater abschließen konnte, bevor dieser starb. Ich schlug ihm einen geeigneten Therapeuten vor. Als wir aufstanden, um das Restaurant zu verlassen, geriet er aus dem Gleichgewicht, fing sich mühsam wieder und sagte: »Dieses Bein macht mir ab und zu Probleme. Als Kind hatte ich Kinderlähmung.«

Ich fühlte mich wie vom Blitz getroffen angesichts der Erkenntnis, dass er der Junge in meiner Traumerfahrung fünf Jahre zuvor gewesen war. Und ich sann darüber nach, wie wir alle miteinander verbunden sind und wie sich auf anderen Ebenen der Realität, die wir in Träumen erleben, unser Sinn für Raum und Zeit auflösen kann und deren illusorisches Wesen offenbart.

Betrachtungen

Dieser Traum war einer von vielen, in denen ich zu einer formlosen Energiemasse wurde, die sich mit einem Bild vereinte. Manchmal strukturiert sich diese Energie zuerst in eine Form, manchmal nicht, aber immer wird sie unvermeidlich eins mit einer Form im Traum. Wenn das geschieht, erlebe ich sowohl die Energie als auch den Gefühlszustand der Form, mit der sie eins geworden ist. Durch mich geschieht Handlung, und oft unterstützt die Energie dies in irgendeiner Art und Weise.

Obwohl ich in den meisten Fällen später keinen Kontakt mit den Teilnehmern aus dem Traum hatte, ergab sich ein solcher Kontakt gelegentlich. Einmal aß ich mit einer Kollegin zu Mittag, die spontan sagte: »Ich habe eine Freundin, die eventuell an einem deiner schamanischen Workshops interessiert ist. Ich weiß allerdings nicht genau, ob sie dafür überhaupt geeignet ist, weil sie eine Erfahrung hatte, nach der sie zur fundamentalistischen Christin wurde.«

Ich fragte sie unschuldig, was das für eine Erfahrung gewesen war, da ich immer neugierig war, wenn es um Ereignisse ging, die das Leben eines Menschen verändern.

Meine Kollegin antwortete: »Vor ein paar Jahren hatte meine Freundin einen schrecklichen Motorradunfall, bei dem ihr Freund schwer verletzt wurde. Sie fühlte wie in Zeitlupe, wie sich schützend zwei Hände um ihren Kopf legten, der keinen Helm trug, ihn behüteten, als das Motorrad ins Schleudern geriet und sie auf die Straße stürzte, und dort blieben, bis die Krankenwagen eintrafen.«

Hinter meinem ruhigen Äußeren war ich sprachlos. Sieben Jahre zuvor hatte ich eine Traumerfahrung gehabt, in der genau diese Handlung stattgefunden hatte und meine Hände sich um den Kopf der Frau gelegt hatten. Ich kann den Motorradunfall äußerst detailliert beschreiben, einschließlich des Sturzes des Mannes, aber ich kann mich auch erinnern, wie ich in meinem Bett lag und den Traum beobachtete. Was aus dieser Art des Träumens und den entsprechenden Manifestationen des Trauminhalts ersichtlich wird, ist, dass es feinstofflichere Bereiche der Realität gibt, die Raum und Zeit transzendieren und sich in der Welt der Materie entfalten.

Speziell was den Raum betrifft, sind wir zwar darauf konditioniert, ihn als etwas Absolutes zu betrachten, aber in Wahrheit sind wir nicht durch ihn gebunden. In unserer alltäglichen Realität haben alle Dinge ihren sehr spezifischen Standort im Raum, aber in feinstofflicheren Bereichen der Realität gibt es keine Standorte mehr. Ein Raumpunkt wird gleich mit allen anderen Raumpunkten, und es ist sinnlos, irgendetwas als getrennt von etwas anderem zu betrachten - eine Eigenschaft, die Physiker »Nichtlokalität« nennen.[1]

In einem Traum ist jeder bestimmte Ort eine Illusion, weil sich alles - Menschen, Objekte, Raum, Aktion und so weiter - aus der fundamentaleren Realität des Träumers heraus entfaltet, die das Träumen ist. Das Händepaar, das den Kopf der Frau schützte, als sie auf die Straße stürzte, manifestierte sich aus der primäreren, tieferen, impliziten Ebene der Realität heraus und trat zufällig in ihr Gewahrsein. Mein Bewusstsein war zu der Zeit anscheinend an mehreren Orten gleichzeitig: am Unfallort und im Bett, wo es den Traum beobachtete. Auf der impliziten Ebene der Realität stellt sich Getrenntheit als Illusion heraus, und alle Dinge sind letztlich miteinander verbunden. Es ist etwas an der Erfahrung dieser primären Ebene der Realität, was große Freude und Liebe in einem weckt.

Das Konzept, dass die feinstofflicheren Ebenen der Realität allein durch eine Bewusstseinsveränderung zugänglich werden können, ist eine Hauptprämisse in der Tradition des Yoga. Der Yogalehrer und Mystiker Sri

Aurobindo bemerkte einmal, dass wir, um »das neue Land in uns« entdecken zu können, erst lernen müssen, »das alte zurückzulassen«.[2*] Diese Bewusstseinsveränderung kann jedoch problematisch sein. Der Dichter Rainer M. Rilke, der sich durch Interpretationen eingeschränkt fühlte, kommentierte in einem Brief an einen Freund: »Wann immer sich die Philosophie einer Person zu einem System entwickelt, bekomme ich ein fast deprimierendes Gefühl von Begrenzung.«[3*] Ich selbst habe, je mehr ich meinen Geist zum Schweigen brachte und nach innen reiste, frei von interpretierenden Bezugsrahmen, umso mehr feinstofflichere Ebenen der Realität jenseits von Raum und Zeit wahrgenommen und zugelassen, welche aus formloser Schwingung bestehen.

Von meinen ersten Träumen an hatte sich mein Bewusstsein erweitert. Die weitere Ausdehnung meines Bewusstseins, die jetzt stattfand, offenbarte mir, dass die Trennung von Bewusstsein und Materie illusorisch ist, was meinem Bewusstsein die Freiheit schenkte, sich in die feinstofflicheren Bereiche der Realität hineinzubegeben, die die objektive Welt beeinflussen.

EINS MIT DEM TRÄUMEN

Obwohl ich nach meinen ersten einschneidenden Traumerfahrungen wieder mehr Kraft hatte, blieben einige Schwierigkeiten. Immer, wenn ich mich länger mental konzentriert hatte, wollte sich mein Bewusstsein unvermeidlich ins Unendliche ausdehnen. Und gleichgültig, ob meine Augen geöffnet oder geschlossen waren, mein Gewahrsein konnte an zwei oder mehr Orten gleichzeitig sein, was an meinen körperlichen Kräften und meinem mentalen Gleichgewicht zehrte und mich vorsichtig werden ließ, was das völlige Einswerden mit dem Träumen betraf.

Gleichzeitig hatte ich zumindest in mancherlei Hinsicht wieder zur Normalität zurückgefunden: Ich hatte

wieder lebhaftes Interesse an Gesprächen, und die tie-
fen Gefühle der Zuneigung zu meiner Familie und mei-
nen Freunden, die zwei Jahre zuvor scheinbar versiegt
waren, regten sich nun doch wieder in meinem Her-
zen. Der folgende prophetische Traum, der sich im
Winter 1998 während eines Schneesturms ereignete, be-
gann als gewöhnlicher Traum, verwandelte sich dann
aber rasch in einen luziden Traum und dann in die Er-
fahrung, direkt mit dem Träumen eins zu werden, wo-
durch mir mehr als je zuvor die Ebene der Realität
bewusst wurde, die der Ursprung der gesamten Schöp-
fung ist.

Ich träumte, dass ich im morgendlichen Berufsverkehr
zur Arbeit fuhr. In einer Autobahnkurve sah ich, wie
auf der äußeren linken Spur ein Auto auf dem Eis
außer Kontrolle geriet, über drei Fahrbahnen schlit-
terte und gegen einen braunen Geländewagen prallte.
Der Geländewagen kippte und landete auf dem Dach
am Straßenrand. Ich sah das braune Haar einer Frau
aus dem Seitenfenster hängen, das Glas war zerborsten.
Ich brachte mein Auto rutschend zum Stehen und
parkte am Rand der Autobahn. Da ich die Erste war,
die den Unfallort erreichte, ging ich vorsichtig zur Fah-
rerseite des Unglückswagens und sah, dass die Frau be-

wusstlos war. Dann hörte ich ein weiteres Auto außer Kontrolle geraten und wusste, dass es mich überfahren würde.

In diesem Moment erwachte ich im Traum, der ab jetzt in Zeitlupe ablief. Ich fühlte den Aufprall des Autos, bevor es mich 20 Meter weit durch die Luft schleuderte. Als ich landete, waren meine Hände und Arme unter dem Fahrzeug eingeklemmt, und ich war bewusstlos. Während ich in einen Krankenwagen geladen wurde, stellten die Rettungssanitäter fest, dass ich offensichtlich im Koma lag, aber ich bekam alles mit, auch ihr Gespräch über die Frau, die in dem Geländewagen gestorben war.

Nach meiner Ankunft in der Notaufnahme auf der örtlichen Traumatologiestation wurde ich in den Operationssaal gefahren, wo ein Ärzteteam medizintechnische Geräte an meinen Fingern, Händen und Unterarmen anbrachte. Während ich ihren Gesprächen zuhörte, begann die in meinem Körper kreisende Energie zu pulsieren, und ich wusste, dass dies zu einer Spontanheilung führen würde. Ich fühlte die Veränderungen, die tief in den Knochen und im Gewebe meines Körpers stattfanden. Als mein Gewahrsein eins mit dieser heilenden Energie wurde, fühlte ich mich glückselig.

Als ich aus dem Traum erwachte, wusste ich zunächst, dass mir eine Spontanheilung gezeigt worden war, aber als ich weiter erwachte, fühlte ich, wie die Erfahrung in meinem bewussten Gewahrsein verblasste und damit auch dieses Wissen. Zwei Tage später materialisierten sich Teile des Traums, und mir wurde klar, dass er prophetisch gewesen war. An diesem Morgen fuhr ich in einem Schneesturm im Berufsverkehr zur Arbeit. Zunächst lösten diese Details bei mir kein Unbehagen wegen einer möglichen Materialisierung des Traums aus. Als allerdings der Verkehr immer langsamer wurde und schließlich zum Stillstand kam, sah ich denselben Unfall, der in meinem Traum stattgefunden hatte. Dieses Mal war ich nicht die Erste am Unfallort, denn vor mir standen noch mindestens 30 Autos. Dennoch konnte ich braunes Haar aus dem zerborstenen Seitenfenster des auf dem Dach liegenden Geländewagens hängen sehen. Als schließlich Krankenwagen vorfuhren, sprach ich ein Gebet für die Seele der Frau und wurde plötzlich eins mit ihrem Gewahrsein. Sie wusste, dass sie tot war, und daher wusste auch ich es, da ich eins mit ihrer Situation war. Dann fühlte ich die vertraute kreisende Energie sich ausdehnen und empfand außergewöhnliche Glückseligkeit. Aber weil ich es mir aufgrund der Umstände nicht leisten konnte, die

Grenze meines eigenen Gewahrseins zu verlieren, zwang ich mich, mich aus dieser Erfahrung zurückzuziehen. Mein Gewahrsein trennte sich von ihrem, und ich saß wieder am Steuer meines Autos und wartete darauf, dass der Unfallort geräumt wurde.

Nachmittags rief ich eine gute Freundin an, die auf der Intensivstation der Traumaklinik arbeitete, und erkundigte mich, ob sie Patienten aus dem morgendlichen Unfall aufgenommen hätten. Sie sagte, dass sie einen Verletzten aufgenommen hätten und es eine Tote am Unfallort gegeben habe. Abends erzählte ich ihr dann von meinem Traum, beschrieb die Notaufnahme, das Krankenhaus, die Gesichter der Ärzte, die ich im Traum gesehen hatte, und die Vorrichtungen, die an meinen Händen angebracht worden waren und von denen ich jetzt weiß, dass es externe Fixateure zur Ruhigstellung von Knochenbrüchen gewesen waren. Sie bestätigte, dass alle diese Angaben korrekt waren, obwohl ich vorher nichts von dem Krankenhaus oder seinem Personal gewusst hatte.

Ein weiteres synchronistisches Ereignis, das dem Traum folgte und mit ihm thematisch in Verbindung stand, war der Besuch einer Frau, die sich eine Spontanheilung von mir wünschte. Direkt am nächsten Morgen kam unangekündigt eine Freundin aus dem Indianerstamm der Lakota bei mir vorbei. Bei einer Tasse Tee meinte sie zu mir: »Ich habe keine Ahnung warum, aber du bist diejenige, die mir helfen wird, spontan von Kolostomie geheilt zu werden.« Ihre Worte erstaunten mich, denn außer der Freundin, die in dem Krankenhaus arbeitete, hatte ich niemandem von den Traumereignissen des Vortags erzählt. Nachdem ich mich von meinem Erstaunen erholt hatte, spürte ich Widerstand und sagte. »Du irrst dich.« Aber sie entgegnete: »Nein, du bist diejenige. Vielleicht wirst du deine Meinung noch ändern.«

Betrachtungen

Durch diesen Traum musste ich mich näher mit meiner zunehmenden Fähigkeit zum Hellsehen in Träumen auseinandersetzen und mich damit befassen, was dies womöglich bedeutete.

Dass ich durch meine Träume die Fähigkeit zur Prophezeiung entwickelt hatte, machte mir keine Freude, sondern ich fühlte nur Unbehagen, weil ich nie wusste, welche der Traumszenen sich im wirklichen Leben manifestieren würden. Mittlerweile hatte ich mich daran gewöhnt, dass meine Traumerfahrungen und ihre Materialisierung in Bezug auf das Wie oder Wann leicht voneinander abweichen konnten. Auch der letztendliche Zeitpunkt der Materialisierung war oft unterschiedlich. Manchmal materialisierten sich Träume innerhalb von Tagen, manchmal innerhalb von Monaten oder Jahren. Ab und zu stimmte jedes Detail, dann wieder fehlte etwas oder es kam etwas dazu. Die Details des tödlichen Unfalls und der Krankenhausbeschreibung stimmten. Aber bei der Wiederaufführung der Traumszene hatte glücklicherweise meine eigene Tragödie gefehlt. In diesem Fall fragte ich mich, warum das tatsächliche Ereignis sich vom ursprünglichen Traum unterschied. Vielleicht, dachte ich, war der Traum aus der impliziten Ebene der Realität aufgestiegen, um sich in unserer alltäglichen Welt zu entfalten, und der Akt des Träumens hatte irgendwie das Ergebnis beeinflusst. Ein weiterer neuer und wichtiger Aspekt dieses Traums war die Spontanheilung, die offenbar im Krankenhaus stattgefunden hatte. In dem Traumabschnitt mit der Spontanheilung war ich vollständig eins mit dem Träumen geworden, ohne Trennung zwischen meinem Gewahrsein und der Spontanheilung. Wenn wir völlig eins mit dem Träumen werden, sind wir uns unserer selbst als Handelnder, der getrennt von der Handlung ist, nicht bewusst; wir sind in einem Zustand des Erfahrens. Die unermessliche Natur der Realität wird für uns verfügbar, und es scheint endlos viele Möglichkeiten zu geben, aber wir haben keinen Wunsch nach etwas Bestimmtem.

Mit der Zeit erkannte ich daher, dass meine negative Reaktion auf die Bitte meiner Lakota-Freundin nach einer Spontanheilung weise gewesen war, da ich jetzt spürte, dass die in mir entstehenden Fähigkeiten ernsthaft gehemmt worden wären, wenn ich einem bestimmten Heilergebnis Wichtigkeit beigemessen hätte. Der Traum schenkte mir außerdem allgemeinere Einblicke in meine Beziehung zum Träumen. In der Traumszene, als ich im Auto saß und mein Gewahrsein eins mit dem der gerade gestorbenen Frau wurde, war die Erfahrung gefühlsmäßig so ähnlich wie die, als mein Gewahrsein eins mit dem meines Vaters wurde, als er starb. In beiden Fällen war ich vollständig eins mit dem Träumen geworden. Es gab weder Frau noch Vater, und ich war auch nicht anwesend; es gab nur Gewahrsein und ein Gefühl der Ekstase. Zudem erinnerten mich beide Erfahrungen an den Jaguar-Traum und die unbeschreibliche Ekstase, die mit der Auflösung und Grenzenlosigkeit einherging. Infolge dieser Vergleiche begann ich, mir ein inneres, wortloses »Vokabular« zuzulegen, um die Entwicklung meines Bewusstseins nachzuvollziehen.

Der Unterschied zwischen einem vom gewöhnlichen Intellekt begrenzten Geist und einem in die feinstofflicheren Bereiche der Realität eingetretenen Geist ist analog zum Unterschied zwischen Materie im festen Zustand und Materie im gasförmigen Zustand. Zwei Steine können nicht denselben Raum einnehmen, aber zwei Düfte können es. Ein Stein hat ein Gewicht und eine Masse, die einschränken, was er tun kann; er kann sich nur bewegen, wenn er bewegt wird, und dann auch nur in eine einzige Richtung und mit einer Geschwindigkeit, die durch die auf ihn einwirkende Kraft begrenzt ist. Der Duft wiederum hat, da er Materie in gasförmigem Zustand ist, bestimmte Eigenschaften, die als ein Wunder bezeichnet werden könnten: das Vermögen, sich in phänomenaler Geschwindigkeit über große Distanzen in alle Richtungen gleichzeitig auszubreiten, die Fähigkeit, an mehreren Orten gleichzeitig zu sein, und die Fähigkeit, Grenzen zu durchdringen und mit Körpern aus ähnlichem Material am selben Ort zu koexistieren. Ich erkannte jetzt, dass auch wir, wenn wir völlig eins mit dem Träumen werden, alle diese Eigenschaften und mehr selbst erfahren können. Völlig eins mit dem Träumen zu werden erweitert das Selbst in unendliche Dimensionen, löst das Gefühl des Getrenntseins zwischen uns und anderen Menschen und Dingen auf und lässt Fähigkeiten zu, die tief in uns schlummern. Diese Erfahrung wird von Glückseligkeit begleitet; statt Liebe als etwas Wünschenswertes zu suchen oder zu kennen, *sind* wir Liebe. In diesem Reich gibt der Verstand seine Macht über uns auf.

MATERIALISIERUNGEN
UND DIE INFRAGESTELLUNG DER
KONVENTIONELLEN REALITÄT

*Im Frühling 2000 spürte ich, wie sich mein Bewusst-
seinsfeld allmählich erweiterte, und ich bemerkte eine
zunehmende Leuchtkraft von Objekten, sowohl in
meiner physischen Umgebung als auch vor meinem
geistigen Auge. Wann immer sich dieses Leuchten in-
tensivierte, wurde mein Impuls, eins damit zu werden,
stärker, und mein Gewahrsein löste sich in Grenzenlosigkeit auf. Auch wenn diese Ereignisse weiterhin meine
körperliche Kraft und meine mentale Ausgeglichenheit
beeinflussten, so erholte ich mich doch schneller*

davon. Mit zunehmendem Vertrauen in die Stabilität meiner körperlichen und mentalen Prozesse begann ich, mehr zu reisen und zu arbeiten. Der folgende Traum jedoch stellte mich vor neue Herausforderungen im Hinblick auf das Wesen der Materialisierung in unserer konventionellen Realität.

Als sich meine Augen schlossen, hatte ich das vertraute schwere, zuckersüße Gefühl, das der Empfindung des Energiestroms in meinem physischen Körper und außerhalb davon vorausgeht. Als die Energie durch mich zu branden begann, erwachte ich in einem Traum. Ich ging über ein halbtrockenes, felsiges Terrain und atmete schwer, als sei ich in großer Höhe. Die Sonne brannte gnadenlos auf mich herab, und ich hielt im Schatten einer Felsplatte an. Als ich nach meiner Wasserflasche griff, trat hinter einem Felsblock plötzlich ein kleiner Mann mit raspelkurzem, schwarzem Haar, dunkelbrauner Haut und hohen Wangenknochen hervor, der wie ein Eingeborener mit asiatischen Zügen aussah. In seiner Hand hielt er ein Glas mit einer dicken, braunen Flüssigkeit. Er nahm von mir Kenntnis, ohne mich direkt anzusehen, und setzte sich zwei Meter von mir entfernt auf die Erde, wo er ebenfalls den kleinen Schatten ausnutzte, den der Felsen bot. Er bot der Erde etwas von der Flüssigkeit dar, sprach ein Gebet zum Himmel und hielt mir das Glas hin, um mir etwas zu trinken anzubieten.

Noch bevor ich aufstand, um zu ihm hinüberzugehen, nahm ich den stechenden, üblen Geruch der Flüssigkeit im Glas wahr, von dem mir schlecht wurde und der mich auf irgendeine undefinierbare Art und Weise veränderte. Als er begann in einer kehligen, rhythmischen Sprache mit mir zu reden, die ich noch nie gehört hatte, stellte ich erschrocken fest, dass ich ihn perfekt verstand und in derselben Sprache antwortete. Die seltsamen, kehligen Laute, die tief aus meinem Rachen kamen, und der widerliche Geruch der Flüssigkeit machten mir Angst. Darauf aus, die Begegnung zu beenden, dankte ich ihm mit einer Kopfbewegung und sagte auf Englisch: »Ich muss jetzt gehen.« Beim Aufstehen schien alles in Ordnung mit mir zu sein, aber als ich losging, knickte plötzlich mein rechtes Fußgelenk um, und ich stürzte einen Meter tief eine steinige Böschung hinunter.

Als ich aus dem Traum erwachte, hielt ich mein rechtes Fußgelenk und schrie vor Schmerz, da sich die Verletzung anscheinend irgendwie aus meiner Traumerfahrung heraus materialisiert hatte. Ich sprang aus dem Bett und hüpfte auf einem Fuß herum, zuckte vor

Schmerz zusammen und fühlte mich seltsam verändert. Bis zum Ende des Tages war mein Knöchel zu seinem doppelten Umfang angeschwollen und wurde lila und blau, eine anschauliche Erinnerung an eine unbegreifliche Materialisierung aus meiner Traumerfahrung.

In der Woche darauf sollte ich eigentlich einen zehntägigen Trekkingausflug von Schamanismusschülern im *Canyon de Chelly* in Arizona leiten, ein Programm, das tägliche Wanderungen, Zeremonien mit den Navajo-Indianern und eine Visionssuche beinhaltete. Ich wollte diese Veranstaltung keinesfalls absagen, und so humpelte ich irgendwie durch die langen Wanderungen. Als mein Navajo-Freund und Gruppenführer mich fragte, wie ich mir den Knöchel verstaucht hatte und ich es ihm erzählte, schmunzelte er darüber, wie es sich zugetragen hatte. Ich wusste jedoch, dass ich in einem Monat nach Honduras reisen würde, und war besorgt, dass dieser Traum sich dort manifestieren könnte.

Der Traum manifestierte sich wirklich, allerdings erst zwei Jahre später. Ich war mit einem peruanischen Freund namens Ernesto in Peru unterwegs. Wir waren früh morgens in Cusco angekommen, nachdem wir die ganze Nacht von Puno aus mit einem Bus dorthin gefahren waren. Wir hatten noch ein paar Stunden Zeit, bevor der Zug nach Machu Picchu abfuhr, so dass Ernesto mir vorschlug, das Wasserheiligtum Tamba Machay zu besuchen.

Nachdem wir uns am Tempel gewaschen hatten, legte Ernesto sich neben einen Baum und zog sich die Hutkrempe über die Augen. Ich wusste, dass er müde war, da wir die ganze Nacht unterwegs gewesen waren, daher ließ ich ihn schlafen und wanderte davon, um meine Blase zu entleeren. Ich ging einen ausgetretenen Alpaka-Pfad entlang, auf einen Felsen zu, den ich hinter einer Biegung bemerkt hatte. Als ich um die Ecke bog, erblickte ich einen kleinen Ureinwohner mit hohen Wangenknochen, asiatisch anmutenden Augen und einem Glas mit brauner Flüssigkeit neben sich – den gleichen Mann am gleichen Felsen wie in meinem Traum. Und wie im Traum nahm er mich zur Kenntnis, ohne mich anzusehen.

Da ich begann in den veränderten Zustand abzugleiten, den ich im Traum erlebt hatte, wusste ich, dass ich von dort weg musste, bevor ich bewegungsunfähig wurde. Als ich mich umdrehte, um zu gehen, stand Ernesto hinter mir. Er kannte den im Schatten des Felsens sitzenden Mann, und sie begrüßten sich und unterhielten sich eine Weile. Als ich dieselbe kehlige, rhythmische

Sprache wie in meinem Traum vernahm, begann sich alles in meinem Kopf zu drehen. Zügig ging ich den Pfad zurück, und als Ernesto mich einholte, erzählte er mir, dass der Mann Don Martín war, der bekannteste Zauberer in diesem Gebiet und ein Freund von Don Manuel Quispe, dem Q'ero-Meisterschamanen, mit dem ich seit fünf Jahren arbeitete.

Im Laufe der nächsten Jahre begegnete ich Don Martín noch viele Male, darunter war auch eine zehntägige Zeremonie mit ihm und einer kleinen Gruppe aus dem Westen, die schamanische Unterweisungen erhielt. Irgendwann erfuhr ich, dass die Zauberer Perus, wie Don Martín, niemals einem anderen Menschen in die Augen sehen, denn das Auge wird als Tür zur Flucht der Seele betrachtet. Als ich Ernesto später von meinem Traum und seiner Manifestation in Peru erzählte, sagte er: »Wahrscheinlich war es kein Zufall, dass du Don Martín in deinem Traum und dann an jenem Tag wieder getroffen hast. Die Medizin, die durch dich kommt, ist der alten Zauberei hier in den Anden sehr ähnlich.«

Betrachtungen

Dieser Traum ließ mich noch eingehender über das Phänomen nachdenken, dass sich Traumszenen im wirklichen Leben materialisieren können. Die Vorstellung, dass ich mir in einem Traum den Knöchel verstauche und beim Erwachen feststelle, dass der Traum sich in Form eines verstauchten Knöchels körperlich manifestiert hat, war damals unfassbar für mich. Auch die Entdeckung, dass dies wieder einmal ein prophetischer Traum gewesen war, auch wenn das Ereignis im wirklichen Leben anders ausgegangen war, bereitete mir einmal mehr Sorgen. Und so begann ich nun jedes Mal, wenn ich eine Traumerfahrung über mein eigenes Leben hatte, darauf zu warten, dass sie sich manifestierte. Aber da ich ja keine Kontrolle über meine Traumzustände hatte, konnte ich einfach gar nichts tun, außer zuzusehen und zu versuchen, meine Sorgen loszulassen.

Zudem hatte sich die Traumerfahrung nicht nur materialisiert, sondern ich hatte innerhalb von zwei Wochen nach dem Traum noch drei weitere Erlebnisse mit Materialisierungen, wenn auch auf eine andere Weise. Zwei davon waren Manifestationen, die von anderen Menschen gesehen wurden. Zwei ehemalige Klientinnen bestanden darauf, dass ich ihnen mitfühlende Worte zu traumatischen Ereignissen in ihrem Leben auf den Anrufbeantworter gesprochen hatte: Die Tochter einer Frau war bei einem Autounfall ums Leben gekommen, die Mutter einer anderen Frau war an Krebs gestorben. Ich hatte diese Klientinnen jedoch mehrere Jahre lang nicht gesehen und wusste nichts von diesen Tragödien; ich hatte noch nicht einmal die Telefonnummern der Frauen. Die dritte Erfahrung betraf eine Schülerin, die behauptete, dass sie mich fast gleichzeitig an zwei unterschiedlichen Orten gesehen hatte. Sie war verblüfft, mich in der Klasse beim Unterrichten zu sehen, da sie gerade erst mein Büro verlassen hatte, wo wir uns nach ihrer Aussage getroffen hatten. Ich hatte aber 45 Minuten lang unterrichtet, hatte den Klassenraum nicht verlassen und hatte sie nicht getroffen, bevor sie die Klasse betrat.

Diese drei Erfahrungen zusätzlich zu dem Traum machten mir klar, dass ein Teil von mir irgendwie in nicht wahrnehmbaren Bereichen aktiv war und dass diese Aktivitäten Auswirkungen auf die manifeste Welt hatten. In meine Verwunderung mischte sich Ängstlichkeit, wie ich mit solchen Ereignissen umgehen sollte. Ich fühlte mich, als ob ich ein seltsames, neues Land betreten hätte, das jeder Logik trotzte und in dem mystische Kräfte die Norm waren.

Infolge dieser Traumerfahrung veränderte sich meine Wahrnehmung von Materie und Energie. Ich konnte nun leichter ein inneres Glühen wahrnehmen, das sich ständig in schneller Bewegung befand. Die Millionen winziger Zellen, aus denen mein Fleisch und meine Knochen bestanden, nahm ich jetzt als Konglomerat wirbelnder Kräfte wahr. Je mehr ich mich daran gewöhnte, über die Dichte der Welt hinauszusehen und mich selbst als reines, grenzenloses, immaterielles Gewahrsein zu betrachten, umso mehr spürte ich die gestaltende Rolle, die unser Bewusstsein in der Schöpfung unserer Realität einnimmt. Der Physiker Fred Alan Wolf stellt in seinem Buch *Der Quantensprung ist keine Hexerei* etwas Ähnliches fest, wenn er schreibt, dass der Beobachter, indem er sich mit der »Quanten-Ganzheit« der Welt identifiziert, zum Beobachteten »wird«. »Er ist, was er sieht.«[1*]

Außerdem begann ich zu vermuten, dass es Verbindungen zwischen der Intensität des Leuchtens und der Tendenz zur Materialisierung gab. Ich spürte, dass meine Materialisierungen etwas mit meiner Wahrnehmung zunehmender Leuchtkraft von äußeren und inneren Objekten zu tun hatten. Jedes Mal, wenn das Leuchten zunahm, schien sich ein Bereich jenseits von Raum und Zeit zu entfalten, der aus unendlichen

Schwingungen zusammengesetzt war. Somit schien es für mich möglich zu sein, nicht nur enorme Mengen an Informationen gleichzeitig aufzunehmen, als würde ich telepatisch »leuchtende Bilder« empfangen, sondern auch als eine Form reiner Schwingung zu existieren und mich als Energie in einer anderen Form neu zu konfigurieren, wie zum Beispiel in Erfahrungen mit der Bilokation, als ich träumend im Bett lag und gleichzeitig am Fuß des Bettes einer anderen Person stand. Im Laufe der Jahre habe ich gelernt zu erkennen, wann eine Traumerfahrung sich materialisiert; dies zeigt sich mir durch den Grad des Leuchtens und der Energiedichte, wenn meine Energie sich in einer anderen Form in meinem Traum neu konfiguriert. Aber ob mir die Materialisierung bewusst ist oder nicht – ich habe keine Kontrolle darüber.

Ich spürte auch eine Verbindung zwischen meiner Ausbildung im Schamanismus und in der Kampfkunst und meinem neuen Gewahrsein unterschiedlich starker Leuchtkraft. Ich stellte fest, dass im Schamanismus und in der Kampfkunst in hohem Maße Techniken angewandt werden, um Energien aus der Natur aufzunehmen, und ich nahm an, dass die vom Körper aufgenommene Energiemenge den Grad der Leuchtkraft bestimmte, der wiederum die Menge des Gewahrseins bestimmte, das in einer nichtlokalen Erfahrung vorhanden war, von der sich ein Teil physisch materialisieren konnte. Ich bemerkte, dass Materialisierungen mit größerer Wahrscheinlichkeit eintraten, wenn mein Bewusstsein sich ausdehnte und in mir viel Energie vorhanden war.

Materialisierungen fordern unsere konventionellen Vorstellungen über die Realität heraus, da die Schöpfung einer Person oder eines Objektes aus dem Nichts heraus natürlich das Fundament unserer Weltsicht erschüttert.

Es ist sicherlich so, dass die Wissenschaft zurzeit nicht in der Lage ist, dieses Phänomen zu erklären. Direkte Erfahrungen jedoch, die uns sagen, dass der Geist seinen Ursprung in der impliziten Ordnung der Realität hat, lassen vermuten, dass diese Ordnung der Realität das physische Universum hervorbringt und somit alle Phänomene erschaffen kann, einschließlich der Gesetze der Physik. Wenn wir die Ebenen der Realität auf diese Weise sehen, hilft uns das zu erkennen, dass nicht nur Materialisierungen möglich sind, sondern praktisch alles. Solche Ereignisse schenken uns einen flüchtigen Einblick in das enorme Potenzial, das in uns allen schlummert.

JENSEITS DER ZEIT

Mittlerweile stand ich immer öfter in einem teilhabenden Austausch mit den Kräften der Natur und erlebte
auch immer mehr »simultane Realitäten«, wie ich sie
nenne – zwei wache Realitäten, die sich gleichzeitig
entfalten, obwohl eine nicht in der physischen Welt
manifest ist. Außerdem wurde mir zunehmend bewusst, dass es auf anderen Ebenen der Realität keine
lineare Zeit gibt.

Gespräche mit der belebten Welt waren mir durch
meine schamanischen Unterweisungen bei den Q'ero-
Indianern zur zweiten Natur geworden. Als wir einmal
in Peru auf einem Berg wanderten, lauschte ich den
Geschichten, die die Stimme des Windes erzählte. Ich

fühlte, wie der Berg mich ansah, und nahm an einer Zeremonie teil, bei der ein Q'ero-Medizinmann den Blitz einlud, sich zu uns zu gesellen, woraufhin mehrmals Blitze einschlugen.

Der folgende Traum, der sich im Herbst 2000 ereignete, machte mir bewusst, dass es möglich ist, mit den energetischen Kräften der Natur in Beziehung zu treten, und dass die Zeit, wie wir sie in der gewöhnlichen Realität kennen, auf anderen Ebenen der Realität nicht existiert.

Eine Freundin und ich sahen uns im Süden von Utah nach möglichen Orten für eine schamanische Lehrexpedition um. Nach zwei zermürbenden Wandertagen in einem Canyon mit 27 Kilo schweren Rucksäcken und bei fast 40 Grad Celsius erreichten wir schließlich die Ruinenstätte, die unser Ziel war, und schlugen unser Lager an einem nahe gelegenen Fluss auf. Kurz vor Sonnenuntergang sagte ich meiner Freundin, dass ich mir schnell noch die Ruinen ansehen wollte, die sich 150 Meter über uns unter dem Rand der Canyonwand versteckt im Felsen befanden, und dass wir dann am nächsten Tag ja weiter die Ruinen erkunden könnten. Ich ließ meinen Rucksack zurück, nahm nur mein restliches Wasser mit und erklomm den rutschigen Fels, bis ich auf die Anasazi-Ruine mit einer intakten Kiva (einer zeremoniellen Kammer) stieß, einem Symbol für den Ursprung dieses Volkes, sogar mitsamt der ursprünglichen Leiter, die in sie hinabführte. Ich kletterte die dreieinhalb Meter in die Kiva hinab, um einfach einen Moment lang an diesem heiligen Ort zu sitzen. Das Innere war dunkel, mit Ausnahme eines Lichtstrahls, der aus der Öffnung von oben herabfiel. In den Nischen des Raums befanden sich Tonscherben und steinerne Werkzeuge, als würden sie immer noch Gaben an das Reich der Geister enthalten. In eine der Nischen legte ich eine Gabe, die ich mitgebracht hatte, um die Vorfahren zu ehren, und setzte mich auf die Erde.

Plötzlich wurde ich schläfrig, und es eröffnete sich mir ein Raum-Zeit-Kontinuum, das anders war als die alltägliche Realität. Neben mir saß ein Mann von kleiner Statur mit kinnlangem, schwarzem Haar. Ich sah ihn nicht nur, sondern roch auch seine Kleidung und fühlte die Wärme seines Körpers. In einer Sprache, die ich perfekt verstand, obwohl ich sie nicht kannte, teilte er mir mit, dass diese Zeit bereits geträumt worden sei und dass er mir etwas zeigen wolle. Aus früheren Erfahrungen mit simultaner Realität wusste ich, dass diese Erscheinung, wenn ich mich nicht mit ihr befasste, verblassen würde. Aber ich wollte sie nicht verschwinden lassen, denn plötzlich erkannte ich, dass dies wahrscheinlich erklärte, warum ich in dieses abgelegene Gebiet von Utah gereist war.

Noch als ich dies dachte, streckte der Mann langsam seine linke Hand aus. Seine Finger waren weit gespreizt, und unter seinen Nägeln war Dreck; es war die schmutzige, schwielige Hand eines Mannes im mittleren Alter. Er legte seine Hand auf meine linke Schulter, und ich hatte das Gefühl, ich würde gleich ohnmächtig von dem schweren, veränderten Zustand, der mich überkam. Sofort machte sich das vertraute Kreisen der Energie in meinem Körper bemerkbar. Als ein Glühen in meinem Kopf immer heller wurde, spürte ich immer stärker den unkontrollierbaren Impuls, eins damit zu werden. Und während ich schließlich eins damit wurde, wurde ich zu einem unermesslichen Meer aus Licht, das ständig in Bewegung war. In unzähligen Strudeln wirbelnd begannen der Mann und ich beide dahinzuschwinden. Dann löste sich mein Gewahrsein in der Grenzenlosigkeit des Unendlichen auf.

Nach einer ungewissen Zeitspanne wurde ich erneut zu den unzähligen Lichtströmen, die in Strudeln herumwirbelten. Ich war ein lebendiges, intelligentes Medium, das als Architekt organischer Strukturen wirkte.

Dann, als das Leuchten langsam schwächer wurde, merkte ich, wie sich Energie in meinem Körper neu formte und sich Fleisch materialisierte. In meinem Kopf begann sich sofort alles zu drehen, und gerade, als ich dachte, ich würde ohnmächtig werden, kam alles wieder zur Ruhe.

Nach dieser Erfahrung fragte ich mich, ob mir gerade gezeigt worden war, wie die Anasazi, ein einst blühendes Volk, die Erde verlassen hatten und warum es keine Hinweise auf ihr Fortgehen gibt. Obwohl nicht bekannt ist, wie oder warum die Anasazi plötzlich verschwanden, behaupten einige Hopi-Indianer, dass die Anasazi, da sie sich in diesem Leben durch ihr harmonisches Zusammenleben mit der Natur und ihresgleichen vervollkommnet hatten, einfach zur fünften Ebene der Schöpfung aufgestiegen sind.[1] Als ich darüber nachdachte, nahm der Beobachter in mir eine innere Entwirrung wahr, von der mir schwindlig wurde. Es wahr wohl besser für mich, mich nicht weiter mit dieser Frage zu befassen und das Wissen hierüber geheim bleiben zu lassen.

Inzwischen war es Nacht geworden, und ich fragte mich, ob ich in der richtigen Realität wach geworden war. Ich sah Blitzeinschläge die Kiva-Wände erhellen und hörte laute Donnerschläge und herabprasselnden

Regen. Als ich einschlief, fragte ich mich, ob ich den Regen fühlen würde und ob das dann bedeuten würde, dass ich mich in der richtigen Realität befand. Der Gedanke, dass ich mich auf mehrere Realitäten in der Vergangenheit, Gegenwart und vielleicht sogar in der Zukunft einlassen konnte, war beängstigend für mich. Als ich erwachte und Tageslicht sah, fragte ich mich erneut, ob ich in der richtigen Realität aufgewacht war. Wie konnte ich sicher sein, wenn ich den rutschigen Fels der Ruinenstätte hinunterklettern würde, mich wieder an unserem Lagerplatz und in meinem vertrauten Gewahrsein zu befinden? Obwohl ich viele solche Situationen erlebt hatte, in denen ich mit einem neu definierten Gewahrseinsbereich aus seltsamen Reichen des Bewusstseins zurückgekehrt war, schien dies hier irgendwie anders zu sein und erfüllte mich paradoxerweise zugleich mit einem Gefühl der Ekstase und der Angst.

Als ich wieder am Zeltplatz ankam, trocknete meine Reisegefährtin gerade unsere Habseligkeiten über einem Feuer. Sie reichte mir eine Tasse Kaffee und fragte mich, wo ich nachts gesteckt hätte. Während ich den heißen Kaffee schlürfte und seine Vertrautheit genoss, erzählte ich ihr, dass ich in der Kiva gewesen war. Überrascht antwortete meine Freundin, dass sie, als das Unwetter eingesetzt hatte, mich suchen gegangen war und auch meine Wasserflasche in der Kiva gefunden hatte, aber nicht mich. Sie war wieder heruntergeklettert, bevor der Fels zu rutschig wurde, da sie sich dachte, ich würde wohl oben bleiben, sobald der Regen einsetzte. Mein Kopf begann, schwindlig zu werden, da die Erfahrung, mein eigenes Fleisch schwinden zu sehen, möglicherweise bedeutete, dass ich mich tatsächlich entmaterialisiert hatte. Ich hielt mich an meiner Kaffeetasse fest, verzweifelt bemüht, das Gewöhnliche dieses Morgens zu fühlen – nach einem Abend, an dem ich anscheinend aus der Zeit hinausgetreten war.

Betrachtungen

Bis zu meiner Rückkehr nach Hause hatte ich mein mentales Gleichgewicht wiedererlangt, obwohl es mir immer noch schwerfiel, die Erfahrung der Entmaterialisierung gänzlich zu begreifen und zu verarbeiten. Mit der Zeit stellte ich mich aber immer mehr auf das multidimensionale Bewusstsein ein.

Trotzdem war diese Traumerfahrung so ungewöhnlich, dass mir klar wurde, wie sinnlos es war, anderen davon zu erzählen, und deshalb ließ ich kein Wort darüber verlauten, selbst gegenüber meinen engsten Vertrauten nicht. Nach diesem Traum fand bei mir eine tiefgreifende kognitive Veränderung statt, als ob ich eine Fremdsprache erlernt hätte. Ich lebe zwar noch immer in der linearen Zeit, aber sie ist für mich nicht mehr real oder für mein Wesen fundamental. Ob diese Veränderung an der Erfahrung lag, während des Wachtraums vollständig eins mit dem Träumen zu werden, oder an der Erfahrung, sich zu entmaterialisieren und wieder neu zu materialisieren – in meiner Wahrnehmung hatte sich unwiderruflich etwas verändert.

Nach diesem Ereignis wusste ich mit größerer Klarheit, dass sowohl Raum als auch Zeit Begleiterscheinungen unserer Wahrnehmung sind. Ich wusste, dass ich über die Zeit, über den Tod, hinausgetreten war und dann den Weg zurück in den physischen Körper gewusst hatte. Und ich erkannte, dass der Ursprung des Körpers derselbe ist wie der Ursprung aller Dinge – das Träumen, eine Ebene der Realität, auf der Körper und Geist nicht voneinander getrennt sind, auf der Raum und Zeit nicht existieren und auf der es keinen ursächlichen Zusammenhang zwischen Ereignissen gibt. Auf dieser Ebene der Realität scheint es unendlich viele abstrakte Potenziale zu geben, die sich gleichzeitig in der Gegenwart manifestieren.

Nach dieser Wachtraumerfahrung war mir klar, dass wir vielerlei Möglichkeiten haben, um die Welt zu erforschen – mit den Ohren hören, mit der Haut berühren, mit den Augen sehen, mit der Zunge schmecken, mit der Nase riechen –, aber dass es auch zahlreiche Pfade außerhalb des wahrnehmenden Körpers gibt, die uns ständig offen stehen und mit der grenzenlosen Realität verbunden sind. Ich überlegte, ob wir vielleicht die Organe und das Fleisch des Träumens sind und das Träumen sich durch uns wahrnimmt. Oder vielleicht ist die Welt nichts weiter als ein vergegenständlichter Traum, und alles, was unser mächtiger Geist erlebt, ereignet sich deshalb, weil Bewusstsein und Materie eins sind.

DIE NEUKONFIGURATION
VON ENERGIE

In den Monaten nach der Traumerfahrung in der Kiva war das Bemerkenswerteste an meinem Zustand die höhere Leuchtkraft innerer und äußerer Objekte, die für mich immer verführerischer wurde. Je mehr ich zuließ, widerstandslos eins mit dem Träumen zu werden, was oft geschah, desto schwerer fiel es mir, Tag für Tag weiter zu funktionieren. Ich war so überwältigt von der Herrlichkeit des Träumens, dass alles auf dieser Welt – alle Dinge, die wir wahrnehmen, jedes Streben und jeder Wunsch, selbst meine individuelle Existenz – im Vergleich dazu banal erschien.

Ich war erstaunt über den unermesslichen Reichtum, den ich in mir selbst gefunden hatte. Die Angst und die Zweifel, die ich jahrelang wegen meines Zustands gehegt hatte, verschwanden vollständig und wichen einem Gefühl unaussprechlicher Dankbarkeit.

Die folgende Traumerfahrung, die sich im Frühling 2001 ereignete, machte mich zunehmend auf die Neukonfiguration von Energie aufmerksam, die stattfand, wenn mein Gewahrsein eins mit anderen Objekten und Menschen wurde.

Ich träumte, dass ich unter einem Baum auf dem Rücken lag, die Arme unter dem Kopf verschränkt. Als ich nach oben blickte, bemerkte ich einen Greifvogel, der sich auf einem Zweig niedergelassen hatte. Zuerst hielt ich ihn für einen Falken, aber bei genauerem Hinsehen erkannte ich, dass es ein junger Weißkopfseeadler war. Als ich das feststellte, stürzte er sich auf mich herab. Ich rollte nach rechts, um mein Gesicht zu schützen, und der Adler vergrub seinen Schnabel in meinem linken Schulterblatt hinter meinem Herzen.

Als der Schnabel in meinen Körper drang, wurde mein Bewusstsein grenzenlos und weitete sich unermesslich in alle Richtungen aus. Die Erfahrung war ähnlich wie in meinem ersten Traum, in dem mein Bewusstsein sich radikal verändert hatte. Aber in diesem Traum spürte ich keinerlei Schrecken oder Angst, so wie ich sie vorher angesichts der grenzenlosen Erweiterung meines Bewusstseins empfunden hatte. Im Gegenteil: Ich erwachte aus dem Traum bis ins Mark getroffen vom Glanz und von der Pracht dessen, was gerade geschehen war. Aus der Art und Weise der Erfahrung schloss ich, dass die Begegnung mit dem Adler irgendeine Botschaft enthielt.

In den Tagen darauf konnte ich das Ausmaß meines erweiterten Bewusstseins nicht in meine alltägliche Welt integrieren. Meine Gefühle verstärkten sich, und meine Vorstellungskraft wurde immer leichter erregbar und lebhafter. Wegen meiner intensiveren Gefühle und meiner Erschöpfung durch mangelnden Schlaf musste ich meine ganze Kraft aufbringen, um meine emotionale Stabilität zu bewahren.

Eines Abends, nach drei schlaflosen, emotional aufgewühlten Tagen, in einem Moment überglücklich, im nächsten zu Tode betrübt, ging ich in mein Meditationszimmer, um meine Augen auszuruhen.

Zahlreiche Bilder wirbelten in meinem Geist herum, bis die Gestalt von Jesus vor mir erschien und gleichzeitig die anderen Bilder aufhörten zu kreisen. Während ich in meinem Bewusstsein verharrte, führte ich ein Gespräch mit Jesus. Skeptisch und da er mir kaum vertraut war fragte ich ihn, warum er da sei.

Er sagte: »Um eine Botschaft zu überbringen.«

Ich fragte ihn, warum.

Er sagte: »Ich habe bereits ein Geschenk gebracht. Das geschah durch den Adler, damit du empfänglicher dafür bist. Ich bin hier, um dir zu helfen, einen Teil des Geschenks für dich einzuordnen.«

Ich war mir schmerzlich bewusst, dass ich Schwierigkeiten hatte, die letzte Bewusstseinserweiterung einzuordnen. Entmutigt fragte ich ihn, welche Botschaft er denn überbringen wolle.

Er sagte: »Verkörpere mich, und du wirst es wissen.«

Ich erinnerte mich daran, dass Swami Muktananda in seiner Autobiographie *Spiel des Bewusstseins* über die Verkörperung seines Gurus schreibt.[1] Ich wusste, dass es hier eine Verbindung zum Einswerden mit dem Träumen gab. Ich dachte darüber nach, eins mit dem Bild Christi vor mir zu werden, aber da mein Geist bereits in einem heiklen Zustand war, beschloss ich, es nicht zu tun.

Als ich aus diesem halb-tranceartigen Zustand herauskam, vermutete ich, dass ich wohl für das Christusbewusstsein empfänglich gewesen war, weil Ostern wenige Tage bevorstand.

Betrachtungen

Im Nachhinein bin ich überzeugt, dass ich, wenn ich an jenem Abend Christus verkörpert hätte, wertvolle Informationen darüber erhalten hätte, wo sich die Grenze zwischen Bewusstsein und Materie auflöst. Vielleicht hätte ich den Schlüssel dazu erhalten, mühelos Energie neu zu konfigurieren, um eins mit Objekten und Menschen zu werden. Stattdessen musste ich diesen Prozess auf die beschwerliche Art lernen.

In den folgenden 18 Monaten hatte ich Erfahrungen mit simultanen Realitäten, im Schlaf und im Wachzustand, in denen ich eins mit verschiedenen Formen wurde. Ich begann, mit fast allem eins zu werden, mich energetisch neu zu konfigurieren, um zu diesen Formen zu werden - Tiere, Pflanzen, Steine, Gebäude, Körperschaften und Menschen - selbst über große Entfernungen hinweg. Ich nenne solche Traumerfahrungen »Neukonfigurationsträume«. Was ihnen allen gemeinsam war, war die Neukonfiguration von Energie in und um meinen Körper, als mein Gewahrsein zu der jeweiligen Form wurde; ich erlebte die Gefühlszustände derjenigen, mit denen ich eins wurde. Ich nehme an, dass diese Traumphase mein Bewusstsein schulte, fließender zu werden, und vielleicht die Energie meines Körpers zum Leben erweckte. In dieser Phase war ich auch in Peru und ritt einmal frühmorgens auf einem Packpferd hinauf zum Ort Marcahusi in 4.200 Metern Höhe. Ich hatte mich der Schläfrigkeit hingegeben und schloss die Augen. Nur einen Moment später wurde ich eins mit einer Afroamerikanerin, die mit einer Tüte Lebensmittel in den Armen vor ihrer Haustür stand und anklopfte. Ein Mann, von dem ich wusste, dass er ihr Ehemann war, begrüßte sie an der Tür. Als sie das Haus betrat, wurde ich zu ihr. Die erforderliche Menge an Energie, um mich neu zu konfigurieren und zu ihr zu werden, durch sie zu fühlen, durch ihre Augen zu sehen, war gewaltig. Ganz plötzlich wurde ich dann wieder zurück in das normale Gewahrsein katapultiert, erschöpft nach der Neukonfiguration meiner Energiemuster durch das Einswerden mit der Frau, aber ansonsten einfach weiter auf meinem Pferd reitend, als wäre nichts geschehen.

Durch diese Traumerfahrungen machte ich bedeutsame Entwicklungen durch. Erstens wurde mein Bewusstsein regelmäßig nach außen verlagert oder außerhalb der Grenzen des physischen Körpers angesiedelt. Nach der ersten Traumerfahrung 1996 hatte mein »Ich« oder Ego weiterhin fortbestanden, aber es war nicht mehr eng begrenzt gewesen und hatte eine größere Dimension umspannt. Jetzt hingegen konnte ich ein Ereignis wahrnehmen, das mein »Ich« mit beinhaltete, aber es gleichzeitig auch aus einer Perspektive außerhalb meiner selbst beobachten. Mein nach außen verlagertes Bewusstsein konnte sich sowohl an der physischen Realität als auch an feinstofflicheren Bereichen der Realität außerhalb von Raum und Zeit beteiligen. Zweitens konnte sich mein nach außen verlagertes Bewusstsein als andere Form neu konfigurieren und dann eins mit der Energie in und hinter dieser Form werden, oder aber eins mit dieser Energie werden und dann beginnen, sich neu zu konfigurieren. Drittens konnte sich mein nach außen verlagertes Bewusstsein verlangsamen, beschleunigen oder augenblicklich den Ort wechseln.

Und schließlich wurden durch mein nach außen verlagertes Bewusstsein Erfahrungen noch lebhafter als dann, wenn mein Bewusstsein sich mit dem Körper identifizierte. Ich lernte, dass es nicht dasselbe war wie Fernwahrnehmung, bei der entfernte Orte vom Geist wahrgenommen und keine Gefühle dabei empfunden werden. Wenn das Bewusstsein sich nach außen verlagert, sind Ereignisse lebhafter als normalerweise, und wir erleben die Gedanken, Gefühle und Handlungen der Form, mit der wir eins geworden sind. Ken Eagle

Feather spielt in seiner Beschreibung von Traumprak-
tiken der Tolteken ebenfalls auf dieses Phänomen an.[2]
Es war in diesen Monaten der Neukonfigurationsträume, dass ich mir bewusst wurde, in die Träume anderer Menschen einzutreten. Ich erwachte sowohl in
den Träumen von mir bekannten Menschen als auch
in den Träumen von Fremden – ein Phänomen, das
mir gar nicht klar war, bis Klienten mir von Träumen
berichteten, die ich bereits kannte.

Zudem erkannte ich erst durch mein Erwachen in
Träumen anderer Menschen, dass ich ein nach außen
verlagertes Bewusstsein entwickelt hatte, und ich lernte,
welchen Einfluss die Teilnahme am Träumen auf die
Realität und die Erweiterung des Bewusstseins hat.
Wenn ich im Traum eines anderen Menschen erwachte, brauchte ich meine ganze Kraft, um mich neu
in der Form zu konfigurieren, in der ich ankam. Ich
entdeckte, dass mir beigebracht wurde, mich inmitten
von Energien zu bewegen und innerhalb des Träumens
von der Form zur Formlosigkeit zu wechseln. Dabei
lernte ich auch, dass die leuchtende Energie innerhalb
des Träumens Kraft ist, wenn sie auf anorganische Materie ausgeübt wird, und Leben, wenn sie auf die organische Ebene ausgeübt wird.

In dieser Zeit stellte ich auch fest, dass mein Geist sich oft erweiterte, ohne auf Grenzen zu stoßen, und dass ich in der Lage war, die feinstofflichen Kräfte der Natur zu beeinflussen. Ich wurde fähig, Umstände, Schicksale und Auswirkungen auf die Handlungen anderer Menschen zu verändern. Ich wusste, dass transzendentale Zustände zur Befreiung von den physikalischen Naturgesetzen führen, aber ich war mir unsicher, was ich mit dieser Macht anfangen wollte.

Irgendwann wurde ich wie gelähmt, weil es mir schwerfiel, erweiterte Bewusstseinszustände und den steigenden Druck, meine Heilungskräfte anderen zur Verfügung zu stellen, miteinander zu vereinen. Daher beschloss ich, mich vorerst von der alltäglichen Welt loszusagen, um meine körperliche und seelische Gesundheit wiederherzustellen. Damals erschien es mir am besten, mich erst einmal einfach in dem Chaos aufzulösen, so wie die Raupe sich in ihren Kokon hüllt, bevor sich das zersetzte Durcheinander in einen Schmetterling verwandelt. Um den Raum und die Zeit zu gewinnen, die ich brauchte, um die transzendentale Realität in mein Leben zu integrieren, zog ich für einen längeren Zeitraum auf die Insel Kauai.

MITHERRSCHAFT MIT DER NATUR

Mit meiner Ankunft auf Hawaii setzte sich die Erweiterung meines Bewusstseins fort. Die Erfahrungen wurden zunehmend eine Quelle der Kraft und des Glücks für mich. Es war eine allmähliche Entwicklung, aber ich glaubte, dass die Veränderung einfach daran lag, dass sich durch das tropische Klima meine Gesundheit verbessert hatte; es war nicht so sehr mein innerlicher Transformationsprozess.

Im Frühling 2003, als ich versuchte, verschiedene Aspekte meiner Traumerfahrungen weiter einzuordnen, begann ich, an einem Manuskript über das Volk der Q'ero und ihr Leben in vollkommener Harmonie mit der Natur zu arbeiten. Bald darauf reiste ich auf die

Insel Oahu, um meinen Bruder zu besuchen, der als Oberstleutnant der US-Armee in Pearl Harbor stationiert war. Dort, in starkem Kontrast zu den Menschen um mich herum, die versessen auf den »Krieg gegen den Terror« waren, stimmte ich mich auf die Kunst ein, jeden Moment als heilig zu betrachten.

So wurde mir deutlich klar, wie unterschiedlich Macht in Amerika und in der Q'ero-Tradition aufgefasst wird, wo sie durch die Fähigkeit definiert ist, »das Kawsay anzustoßen«, mit der beseelenden Energie des Seins mitzuerschaffen – das heißt, gemeinsam mit der gesamten Natur Herrschaft auszuüben, statt über sie zu herrschen. Den Q'ero zufolge müssen wir, um mit feinstofflichen Energien zu interagieren, lernen, das »Ich« mit dem energetischen Feld zu vereinen und unser Herz zu öffnen. In diesem Zustand ist es möglich, mit minimalem Aufwand und ohne äußerliche Anzeichen Veränderungen zu bewirken und Lebensformen zu heilen oder auszulöschen. Als ich einmal mit einem Medizinmann in den Anden wanderte, begegneten wir einem Esel, der sich ein Bein gebrochen hatte und auf der Seite lag, mit wilden Augen und Maden, die aus der offenen Wunde hervorkrochen. Der Medizinmann hielt an und sprach ein kurzes Gebet, woraufhin sich der Esel entspannte und seinen *letzten Atemzug tat. Sich diese Art des Wissens und der Macht anzueignen erfordert eine tiefe, innige Beziehung zu allen Kräften, die das Leben ausmachen.*

Der folgende Traum, der sich im Frühling 2003 ereignete, war meine erste Erfahrung damit, die Macht zu verstehen, die aus der Mitherrschaft mit der Natur statt ihrer Beherrschung entstehen kann. Außerdem spiegelt er einen Fortschritt wider, was die Auflösung der Grenze zwischen Bewusstsein und Materie betrifft, die ich erstmals während der Neukonfigurationsträume erkannt hatte. Diese Auflösung scheint eine Voraussetzung dafür zu sein, die Macht zu erlangen, die aus der Mitherrschaft mit der ganzen Natur entsteht.

Ich hatte zwei Nächte mit Kriegsträumen verbracht, in denen archetypische Folterszenen vorkamen. In der ersten Nacht war ich emotional von der Szene losgelöst, musste aber dennoch Entscheidungen treffen, um für die Sicherheit aller Beteiligten zu sorgen. In der zweiten Nacht sah ich mir selbst dabei zu, wie ich passiv mehrmals menschliches Leid beobachtete. In beiden Nächten schien ich mich nicht aus diesen Wiederholungen herausziehen zu können.

In der dritten Nacht wusste ich wegen der vertrauten Energiebeschleunigung und des intensiveren Leuchtens in und um meinen Körper, dass ich einen Neukonfigurationstraum haben würde. Manchmal bewirkten solche Schwingungsveränderungen, die sich anfühlen, als würde ich mich rasend schnell fortbewegen, dass ich aus einer Traumerfahrung herausfiel, aber dieses Mal war ich in der Lage, darin zu bleiben.

Als ich das feststellte, fiel mein Gewahrsein in eine junge Frau in einer zerrissenen Militäruniform. Sie war geschlagen, vergewaltigt und gefoltert worden, man hatte ihr die Brustwarzen abgeschnitten und sie als Hoden an ihre Genitalien geklebt, um sie zu entwürdigen. Ich konnte genau die Gesichter ihrer Peiniger und den Raum mit dem Foltergerät sehen. Ich bemerkte sogar, dass mir das Klebeband völlig unbekannt war.

Als meine Energie und die der jungen Frau eins wurden, kannte ich ihre Geschichte und fühlte, dass sie sich von ihrem Körper losgelöst hatte und ihre Seele gebrochen war. Ich spürte auch das vertraute Gefühl der Ekstase, wenn das Bewusstsein sich erweitert und eins mit dem Träumen wird. Als ich eins mit dem Geist der Frau wurde, erhöhte sich die Schwingung auf eine Schnelligkeit, die es leichter machte, sich in eine andere Dimension zu begeben. Die Frau begann, innig zu beten, und schrie: »Mein himmlischer Vater, wie groß ist deine Gnade. Hilf mir, in den Himmel zu kommen«, und ich beteiligte mich an ihrem Gebet.

Dann, als die Schwingung sich weiter beschleunigte und mein Gefühl der Ekstase sich verstärkte, fühlte ich gleichzeitig den Schrecken und Schmerz der Frau und den Hass und die Wut ihres Peinigers. Schließlich wirbelte ich aus dem Traum heraus.

Beim Aufwachen spürte ich dieses Mal keine Erschöpfung und innere Hitze, von denen solche Träume bei mir gewöhnlich begleitet werden. Nichtsdestotrotz fühlte ich mich emotional wund, da ich gleichzeitig grauenhafte Ereignisse und ein Hochgefühl erlebt hatte. Die Gefühle des Schreckens, der Ekstase, der Wut und des Ekels blieben in mir und wurden noch stärker, sobald ich meine Aufmerksamkeit auf sie richtete.

Einen Monat zuvor hätte ich diese Traumerfahrung gestoppt, mich von ihr getrennt, aber jetzt geschah etwas Neues in meinem sich erweiternden Gewahrsein. Jedes Mal, wenn ich mich herausziehen oder reagieren wollte, wurde mir gezeigt, dass ich einfach mit der Erfahrung sein konnte, indem ich darauf achtete, fließend zu bleiben, und allen diesen Gefühlen erlaubte, einfach zu sein.

Ich ließ an diesem Tag das Schreiben sein, badete im Meer und spazierte am Strand entlang, in dem Wissen, dass die emotionalen Überbleibsel aus dem Traum mit der Zeit verschwinden würden. Abends fühlte ich mich aber immer noch verletzlich. Als mein Bruder und ich das Abendessen vorbereiteten, kamen im Fernsehen aktuelle Nachrichten über den Krieg im Irak – ein Bericht über mehrere Soldaten aus mehreren Ländern, die als Kriegsgefangene festgehalten wurden. Es wurden Bilder jedes Soldaten gezeigt. Das Gesicht der jungen Frau, bei der ich in der Nacht zuvor im Traum gewesen war, jetzt eine Kriegsgefangene im Irak, war auch darunter. Zutiefst von den grauenhaften Szenen menschlichen Leids in meinem Traum berührt, hörte ich schweigend zu.

Betrachtungen

Was an dieser Traumerfahrung einzigartig war, war die Tatsache, dass ich nicht mehr einfach nur eins mit dem Träumen wurde; stattdessen fand gleichzeitig eine Handlung statt durch Bewusstsein, das aus meinem Körper ausgelagert war, und Bewusstsein, das sich in meinem Körper befand. In dieser Traumerfahrung lernte ich, dass auch das, was abscheulich ist und das Herz leiden lässt, ein Teil des Göttlichen selbst ist. Die Herausforderung darin war grauenvoll und herrlich zugleich. Indem ich gleichzeitig eins mit der Frau und mit ihrem Peiniger wurde, lernte ich die Liebe an ihrem Ursprung kennen. Ich betrat den Wahrnehmungsbereich, in dem Macht die Mitherrschaft mit der gesamten Natur ist, und begriff, dass diese Art von Macht aus der Mitherrschaft mit dem Träumen entsteht, das das Leben selbst hervorbringt.

Diese Traumerfahrung war auch deshalb bemerkenswert, weil sie alle Elemente des transzendentalen Träumens erstmals zusammenbrachte: kreisende Energie, Neukonfiguration von Energie in und um den Körper, zusammen mit dem Gefühl der Geschwindigkeit, erhöhte Leuchtkraft, Einswerden mit dem Träumen und das begleitende Gefühl der Ekstase, ein außerhalb des physischen Körpers verlagertes Bewusstsein und Nichtlokalität. Außerdem fand, sobald ich eins mit dem Träumen geworden war, eine Handlung *durch* mich statt. Während des Traumes gab es weder einen Erfahrenden noch eine Erfahrung, nur *Erfahren*. Die Folge war Handlung ohne einen Handelnden – Verhalten ohne Anstrengung, persönlichen Willen oder Bestrebungen.

Nach diesem Traum wurde mir stark meine neu entdeckte Fähigkeit bewusst, die starre Grenze zu transzendieren, die die mentale Aktivität der meisten Menschen einschränkt. Ich hatte die Auflösung der Grenze zwischen Bewusstsein und Materie erlebt und dennoch nicht meinen Körper verlassen. Vielleicht lag das an der Entwicklung von Gewahrsein sowohl in dem Bewusstsein, das aus dem Körper ausgelagert worden war, als auch in dem Bewusstsein, das sich im Körper befand, oder an der neuen Entwicklung, mehrere Formen gleichzeitig zu sein. Trotzdem hatte sich mein Herz bei der Begegnung mit der jungen Frau und ihrem Peiniger mit seinem eigenen Ursprung verbunden. Durch das direkte Einswerden mit dem Träumen und dessen Erfahrung sowohl in meinem ausgelagerten Bewusstsein als auch in meinem Körper, als ob sie eins wären, erlebte ich das Eine hinter der Illusion der Trennung, und in meinem Herzen war Eintracht. Dies war der Integrationsaspekt, der mir bisher entgangen war. Sobald dies klar wurde, trat eine äußerst bemerkenswerte Veränderung ein – ich kehrte ins normale Leben zurück. Ich behielt meinen gesteigerten Bewusstseinszustand und gelangte von einem unangenehmen, instabilen Zustand der Ekstase in einen Zustand der Nüchternheit. Meine Liebe zum Leben kehrte zurück und wurde größer als jemals zuvor. Ich wollte wieder lieben, leben, lehren und in der Welt sein. Ich fühlte mich nicht länger wie die Raupe, die sich in ihren Kokon hüllt, denn ich wusste, dass ich der Schmetterling war.

TRAUM IX

BEWUSSTES MITERSCHAFFEN

Ab und zu kehrte ich zum Arbeiten nach Minneapolis zurück und kämpfte zunehmend damit, was ich mit dem Wissen anfangen sollte, das ich durch offenbar prophetische Träume erlangte. Mit der Fähigkeit, aus der Zeit hinauszutreten und Ereignisse zu beeinflussen oder Schicksale zu verändern, wird es auch notwendig zu entscheiden, wie man mit diesen Fähigkeiten umgehen möchte. Im Sommer 2003 machte mir die folgende Traumerfahrung mit einer Klientin, die ich acht Jahre lang beraten hatte, zunehmend meine mögliche Verantwortung bewusst, die mir beim Miterschaffen von Ereignissen zukam, und trug erheblich dazu bei, wie ich jetzt mit meinen transzendentalen Erfahrungen umgehe, während ich in der linearen Welt lebe.

Im Traum sah ich einen Mann, der am Steuer eines Autos saß und misstrauisch den Eingang eines Nachtclubs beobachtete, als ob er auf jemanden warten würde. Es war in Chicago, wo ich mehrere Jahre lang als Studentin gelebt hatte, und ich kannte die Gegend im Traum gut. Kurz darauf richtete der Mann seinen Blick auf zwei Frauen, die die Blues Bar verließen und auf ein geparktes Auto zugingen – eine von ihnen war eine Klientin von mir. Meine Klientin hielt an, sagte etwas zu ihrer Freundin und begann, zurück zur Blues Bar zu gehen, während ihre Freundin zurückblieb.

Der Mann stieg aus dem Auto, erschien hinter meiner Klientin, fasste sie unter dem Arm und hielt sie fest. Sie kannte den Mann ganz offensichtlich, wehrte sich aber gegen ihn. Sie gingen an der Blues Bar vorbei und bogen auf einen verlassenen Weg ab, wobei sie laut stritten. Sie schlug ihn, und er schubste sie so heftig, dass sie drei Meter weit stolperte und auf den Boden fiel, woraufhin er eine Pistole zog und auf sie schoss. Als der Schuss knallte, saß ich kerzengerade im Bett.

An diesem Morgen überlegte ich, da der Traum vielleicht prophetisch gewesen war, ob ich meine Klientin kontaktieren sollte, um mich zu vergewissern, dass alles in Ordnung war. Meine Klientin war eine pensionierte Buchhalterin mittleren Alters, die in wenigen Monaten ein Theologieprogramm abschließen würde. Ich hatte sie Anfang der Woche gesehen und ihre Entscheidung unterstützt, eine einstweilige Verfügung gegen ihren neuen Freund zu beantragen, einen Mann, der Wutausbrüche hatte und seine Impulse nur schwer kontrollieren konnte. Da ich sie seit vielen Jahren kannte, beschloss ich, ihr von dem Traum zu erzählen.

Ich rief sie also an und fragte sie, ob sie bereit sei, kurzfristig auf einen Termin vorbeizukommen. Sie antwortete: »Ich bin gerade in Chicago eine Freundin besuchen.« Ihre Antwort war für mich die Bestätigung, dass der Traum wahrscheinlich prophetisch war, daher erzählte ich ihr davon.

Mehrere Monate vergingen, in denen sie nicht zu einem Termin erschien und weder zwei Mitteilungen auf ihrem Anrufbeantworter noch einen Brief beantwortete. Daraus schloss ich, dass sie tot war. Aber eine Woche vor meiner geplanten Rückkehr nach Hawaii erhielt ich schließlich einen Anruf von ihr. Schluchzend und undeutlich bat sie mich um eine Beratung am nächsten Tag. Als sie in meinem Büro ankam, war ich schockiert, die ehemals lebhafte, starke Frau nun ausgemergelt vor mir zu sehen, mit einer Gesichtslähmung, einem blauen Auge, zwei abgebrochenen Zähnen und Spuren von Gewalt an den Armen. Sie sagte mir, dass sie meine Warnung beherzigt hatte und nach Minneapolis zurückgeflogen war, aber weiter mit ihrem Freund zusammenblieb, der ihr nach Chicago gefolgt war und sie zum Heroin gebracht hatte. Innerhalb von nur sechs Monaten war sie als Prostituierte auf der Straße gelandet und hatte mich ausfindig gemacht, weil ihr Zuhälter sie vergewaltigt, geschlagen und ihr Geld gestohlen hatte und sie jetzt niemanden mehr hatte, an den sie sich wenden konnte.

Ich bot ihr an, sie ins Krankenhaus zu fahren und mich für sie einzusetzen. Sie schüttelte den Kopf und fragte mich, ob ich ihren Ohrring nehmen würde – alles, was sie noch übrig hatte –, als Geschenk für die Jahre, die wir zusammengearbeitet hatten.

Ich sagte ja, wenn sie dafür meinen nehmen würde, als Geschenk, um sie daran zu erinnern, dass ich ihr beistehen würde. Sie nahm meinen Ohrring an, wollte sich aber nicht von mir helfen lassen oder mir sagen, wo ich sie erreichen konnte.

Betrachtungen

In den Tagen nach meiner Begegnung mit dieser Klientin überlegte ich, ob meine Entscheidung, ihr den Traum zu erzählen, wohl zu ihrem Leid beigetragen hatte. Immer wieder ging ich in Gedanken die möglichen Szenarien durch, die sich hätten ergeben können. Hätte ich ihr den Traum nicht erzählt und wäre das Ereignis geschehen, dann wäre sie vielleicht angeschossen worden, aber nicht tödlich, was sie womöglich motiviert hätte, aus ihrer gefährlichen Beziehung auszubrechen, oder vielleicht hätte sie sich wieder erholt, nur um am Ende wieder in die gleiche Situation zu geraten. Oder aber sie wäre erschossen worden und hätte nicht noch weitere sechs Monate der Selbstzerstörung erleben müssen. Und schließlich war der Traum ja vielleicht auch einfach nur ein Traum gewesen und hätte sich niemals materialisiert.

Die mir überlassene Entscheidung, ob ich meine Klientin informieren sollte, schien daher zu rühren, dass ich in dieser Traumerfahrung der Beobachter gewesen und nicht mit dem Träumen eins geworden war, so dass ich von der Handlung losgelöst gewesen war. Im Vergleich dazu gibt es in Traumerfahrungen, in denen ich eins mit dem Träumen werde, kein von der Handlung losgelöstes »Ich«; ich bin mir gleichzeitig der unendlichen Möglichkeiten bewusst und bin ohne Bindung. In solchen Traumerfahrungen scheint sich die richtige Handlung von allein zu entfalten, und es wird mir nie eine Entscheidung überlassen, die auf der Basis des freien Willens in der linearen Zeit getroffen werden muss.

Ich konnte schließlich mit mir ausmachen, wie ich in der linearen Welt mit der transzendentalen Realität umgehen wollte, als ich mich näher mit der Chaostheorie befasste. Physiker haben entdeckt, dass viele scheinbar chaotische Phänomene oft versteckte Muster enthalten, die kleine Störungen zur Folge haben, welche mit der Zeit erhebliche Auswirkungen haben.[1] Sie beschreiben dieses Ereignis metaphorisch mit einem Schmetterling, der in Peking mit den Flügeln schlägt und letztendlich für die kleine Störung verantwortlich sein könnte, die einen tropischen Sturm in der Karibik verursacht hat. Ich fragte mich: Was wäre, wenn unser Bewusstsein auf der Ebene des einen Schmetterlings, der in Peking mit den Flügeln schlägt, eingreifen könnte, um den tropischen Sturm in der Karibik zu verhindern? Hierfür müssten wir in der Lage sein, eins mit dem Träumen zu werden und so an der Entfaltung eines Ereignisses mitzuwirken.

Als ich nochmals über die Traumerfahrung mit meiner Klientin nachdachte, sah ich, dass es, weil ich nicht eins mit dem Träumen geworden war, nicht möglich gewesen war, auf der Ebene des Schmetterlings einzugreifen und somit an der Entfaltung der Ereignisse mitzuwirken, die sich auf meine Klientin auswirkten. Mir blieb nichts anderes übrig, als über die Frage nachzusinnen, woher man wissen sollte, welcher Schmetterling einen Sturm in der Karibik auslösen könnte – und in welcher Weise es dann möglich wäre einzugreifen?

Nach weiteren Erfahrungen mit dem Einswerden mit dem Träumen erkannte ich schließlich, dass transzendentales Träumen der Weg ist, um den Ursprung aller Phänomene zu erleben. Transzendentales Träumen führt uns in das Träumen, und das Träumen führt uns zu dem einen Schmetterling, der der Ursprung des Sturms ist, und bestimmt auch, was zu tun ist. Die Schöpfung und ihr Ausdruck sind vollkommen, so wie sie sind.

Seit dieser Traumerfahrung erzähle ich Menschen, die in möglicherweise prophetischen Träumen vorkommen, nicht mehr davon. Ob ich ein Beobachter im Traum bin oder eins mit dem Träumen und ein Teil der Handlung – meine Reaktion in der linearen Zeit ist fast immer Nichthandeln. Indem ich mich für das

Nichthandeln entscheide, ist mein eigener Wille mit dem Träumen im Einklang, und ich ziehe diese Beziehung jeder Macht und jedem Handeln vor. Nur in der Erfahrung des Einwerdens mit dem Träumen beginnen wir zu verstehen, dass es dabei nicht ums Tun geht.

Die Fähigkeit, sich mit der wesentlichen, beseelenden Energie der Schöpfung in Einklang zu bringen und mit ihr mitzuerschaffen, kann nur aus einer tiefgehenden, innigen Beziehung mit dem Ursprung des Lebens selbst entstehen. Wenn wir diesen Ursprung erfahren, erwacht das uns innewohnende Potenzial zur Mitherrschaft mit der Natur und zum Miterschaffen mit dem Träumen.

TRAUM X

TRANSZENDENTALES LEBEN
IN EINER LINEAREN WELT

Insgesamt lebte ich dreieinhalb Jahre auf Hawaii, in denen ich mich mit meinen transzendentalen Erfahrungen vertraut machte. In dieser Zeit gewann ich neue Lebenskraft, und die multidimensionale Realität wurde zu einem Teil meines Wesens. Meine immer größere Liebe zum Leben und zur Menschheit war die wunderbare Folge davon, dass ich häufig eins mit dem Träumen wurde. Als diese Liebe wuchs, führte mich mein Wunsch, wieder in die alltägliche Welt zurückzukehren und ihr zu dienen, letztendlich im Mai 2006 zurück nach Minneapolis. Dort hatte ich sofort alle

Hände voll zu tun, um meine transzendentalen Erfahrungen mit dem Leben in der linearen Welt in Einklang zu bringen. Die folgende Traumerfahrung, die ich in dem halben Jahr nach meiner Rückkehr hatte, machte mir noch deutlicher bewusst, dass es möglich ist, das Schicksal durch Miterschaffen mit dem Träumen zu verändern.

Ich erwachte in einem Traum und befand mich am Meer bei einer vietnamesischen Familie. Während ich sie beobachtete, begann die Energie in mir und um mich herum, sich neu zu konfigurieren, und ich wurde nacheinander eins mit jedem Familienmitglied. Jedes Mal, wenn ich eins mit einer anderen Person wurde, erfuhr ich ihre Gedanken und Gefühle und kannte ihre persönliche Geschichte. Dies ging die ganze Nacht so weiter.

An einem Punkt im Traum, als ich dazu zurückgekehrt war, die Familie als Ganzes zu beobachten, sah ich ein kleines, etwa sechs Jahre altes Mädchen, das im Meer von einer Welle unter Wasser gezogen wurde. Die Mutter des Kindes, die einen deutlichen Storchenbiss auf dem Nacken hatte, begann, verzweifelt zu schreien. Unbeteiligte Zuschauer sahen dem Kind einfach beim Ertrinken zu. Ich bemerkte meine eigene Gleichgültigkeit gegenüber der Tatsache, dass sie gerade ertrank. Dann plötzlich, als ich mit einem Mal die Schreie der trauernden Mutter nicht mehr ertragen konnte, sprang ich ins Wasser und rettete das kleine Mädchen. Als sie wieder sicher am Ufer bei ihrer Familie war, erwachte ich aus dem Traum. Beim Aufwachen war ich erschöpft und nervös, weil ich in dem Traum wiederholt mit verschiedenen Menschen eins geworden war, und ich fragte mich, warum dies gerade bei einer Familie in Vietnam geschehen war.

Interessanterweise hatte ich drei Nächte vor diesem Traum im Namen eines jungen Ehepaars einen Anruf von einer Krankenschwester aus einem anderen Bundesstaat erhalten. Das Paar war an einer Beratung interessiert. Als ich mich erkundigte, worum es ging, sagte sie, es sei ihnen lieber, mir das persönlich zu sagen. Da ich mich oft entscheide, einer Person nicht zu helfen, fand ich es besser, erst zu erfahren, worum es ging, bevor sie die Reise antraten, aber ich erklärte mich dennoch einverstanden, das Paar zu sehen.

Als sie abends zu einem Termin in meinem Büro erschienen, zwei Tage nach dem Traum, bemerkte ich, dass die junge Frau einen vietnamesischen Akzent hatte. Sie sagte, sie sei in der sechsten Woche schwanger, es sei für sie beide jedoch kein passender Zeitpunkt für ein Kind, und sie wollte, dass ich ihr bei einer natürlichen Fehlgeburt half. Obwohl ich die Fähigkeit hatte, hier zu helfen, konnte ich mir nicht vorstellen, warum ich das tun sollte. Ich teilte dem Paar mit, dass ich mich innerhalb von 24 Stunden bei ihnen melden würde und dass sie, wenn ich mich dazu entscheiden würde, ihnen zu helfen, körperlich nicht anwesend sein müssten.

Als die Frau in ihre Handtasche griff, um mir ihre Visitenkarte zu geben, fiel ein Foto auf den Boden, glitt einen knappen Meter weiter und landete mit der Vorderseite nach oben zwischen meinen Füßen. Als ich die Hand ausstreckte, um es für sie aufzuheben, sah ich, dass die Frau auf dem Foto denselben Storchenbiss auf dem Nacken hatte, den ich vor zwei Nächten an der Frau in meinem Traum gesehen hatte. Bei genauerem Hinsehen war ich mir sicher, dass es ein Foto der Mutter aus meinem Traum war, das 20 Jahre später aufgenommen worden war.

Um sicherzugehen, dass die Traumerfahrung und die Anfrage zusammenhingen, fragte ich die junge Frau, ob sie als Kind einmal fast ertrunken wäre. Sie blickte mich skeptisch an und bejahte.

Nachdem das Paar mein Büro verlassen hatte, nahm ich die Visitenkarte der jungen Frau, um sie in meine

Brieftasche zu stecken. Als ich mir die Karte ansah, überkam mich das schwere, zuckersüße Gefühl, das mit dem Träumen verbunden ist. Ich fühlte die vertraute Beschleunigung der Energie in meinem Körper und um ihn herum, zusammen mit dem intensiveren Leuchten, und ich wusste, dass ich einen Wachtraum haben würde. Kurz darauf war ich in Resonanz mit der Energie im Schoß der jungen Frau, die sich zuerst ausbreitete und dann mit der Zeit abklang. Ich wusste, dass die junge Frau gerade eine Fehlgeburt hatte.

Am darauffolgenden Morgen rief ich das junge Paar an. Nachdem der Mann ans Telefon gegangen war, sagte ich einfach: »Ich weiß, dass Ihre Frau letzte Nacht eine Fehlgeburt hatte. Bitte sorgen Sie gut für sie, und sagen Sie ihr, dass sie mich anrufen kann, falls sie Fragen hat.« Einen Monat später erhielt ich eine Karte von ihr, auf der sie mir für etwas dankte, das »Ich« nicht getan hatte.

Betrachtungen

Dieser Traum machte mir deutlich, dass es eine Kunst ist, die Balance zwischen dem Erleben feinstofflicherer Bereiche der Realität und dem Leben in einer Welt zu finden, die diese nicht anerkennt. In dieser Traumerfahrung beeinflusste die Tatsache, dass ich mich in der linearen Zeit höchstwahrscheinlich für das Nichthandeln entschieden hätte, nicht das Ergebnis, und ich stand nun vor den Auswirkungen in unserer gewöhnlichen Welt.

Bis die lineare Welt sich so weit entwickelt hat, dass sie auch multidimensionale Erfahrungen zulässt, ist es beim Umgang mit der transzendentalen Realität oft notwendig, in sich zu gehen und diplomatisch zu sein. Wir müssen immer daran denken, dass es eine erlernte Fähigkeit ist, in der manifesten Welt das Gleichgewicht zu halten, während gleichzeitig das »Ich« im Träumen aufgelöst ist. Der persische Mystiker und Dichter Jalaluddin Rumi aus dem 13. Jahrhundert brachte diese Verbindung mit der Schöpfung in seinem Gedicht *So würde ich sterben* in einer Zeile zum Ausdruck: »Komm zu mir nackt, es ist niemand hier.«[1*] Das transzendentale Leben fühlt sich ziemlich genau so an wie Rumis Vers.

Eine weitere Traumerfahrung beleuchtet noch mehr das
Dilemma, in der alltäglichen Realität diplomatisch mit
transzendentalen Erfahrungen umzugehen. Kurz nach
meiner Rückkehr nach Minneapolis beschloss ich,
einen Experten für Körperarbeit aufzusuchen. Ein ge-
schätzter Freund empfahl mir eine Therapeutin, und
als ich sie anrief, um einen Termin für den nächsten
Tag zu vereinbaren, bat die Frau mich, mir eine Absicht
für unseren Termin zu überlegen. Bevor ich an diesem
Abend zu Bett ging, sann ich über eine Absicht nach.
Nach dem Einschlafen erwachte ich in einem Traum,
in dem ich am Küchentisch dieser Frau saß, um ihr
die Absicht für meinen Termin mitzuteilen. Dann gingen wir in ihre Praxis, wo ich die gesamte Behandlung
erhielt. Als ich einige Stunden später erwachte, wusste
ich, dass die Arbeit bereits erledigt war, da ich die körperlichen Empfindungen hatte, die sich bei der Körperarbeit oft einstellen. Nun stand ich vor dem
Dilemma, wie ich damit umgehen sollte. Ich ging die
Möglichkeiten durch. Ich konnte den Termin einfach
absagen. Ich konnte den Termin absagen, ihr einen
Scheck senden und ihr für die Behandlung im Traum
danken. Ich konnte zu dem Termin gehen, ihr eine
neue Absicht mitteilen und eine weitere Behandlung
erhalten.

Schließlich entschied ich mich dafür, den Termin wahrzunehmen. Als ich ankam, begegnete ich derselben Frau, die im Traum an mir Körperarbeit durchgeführt hatte, sogar der Küchentisch war identisch. Ich beschloss, ihr zu erzählen, was in meinem Traum geschehen war, woraufhin ich eine andere Absicht für den Termin bekannt gab und sie zusätzlich bezahlte. Wir hatten eine wunderbare Behandlung.

Beide Traumerfahrungen sind ein Beispiel für die vielen Fähigkeiten, die sich entfalten, wenn transzendentale Erfahrungen das menschliche Potenzial in uns wecken, etwa Weissagungen, Hellsehen, Hinaustreten aus der Zeit, Nichtlokalität, Materialisierungen und der Umgang mit den Ergebnissen solcher Erfahrungen in der linearen Welt. Eigentümlicherweise können fast alle Menschen mit transzendentalen Fähigkeiten diese nicht willentlich kontrollieren. Das ist die Schönheit des Einswerdens mit einer Kraft, die größer ist als unser Wille.

DER

TRANSZENDENTALE MENSCH

Die hier geschilderten Traumerfahrungen sind eine Hommage an die kreative Intelligenz hinter und in der Schöpfung und an das menschliche Potenzial, das in uns allen geweckt werden soll. Als ich immer transzendentalere Fähigkeiten entwickelte, begleitet von wahrnehmungsbezogenen, körperlichen, biochemischen und energetischen Veränderungen, wurde ich ständig körperlich und mental herausgefordert zu lernen, meine Bewusstseinserweiterung und die damit einhergehenden Energieschwankungen neu einzuordnen – ein innerlicher Prozess, der nach 17 Jahren immer noch nicht beendet ist.

Zu diesen neuen Fähigkeiten gehörte, an mehreren Orten gleichzeitig zu sein, aus nicht wahrnehmbaren Bereichen heraus mitzuerschaffen und mit Körpern aus ähnlichem Material am selben Ort zu koexistieren. Aber der wahre Lohn des transzendentalen Träumens war es, eins mit dem Träumen zu werden und die universelle Intelligenz hinter allen Formen zu erfahren. Wenn das geschieht, ergibt sich das »Ich«, und wir werden eins mit der Schöpfung. So gesehen gibt es nur richtige Handlungen, und sie entstehen nicht aus persönlichem Wollen, Streben oder Bemühen heraus; vielmehr geschieht die Handlung durch uns. Wir lernen, in einer nichtkausalen Beziehung zum Leben zu leben. Die Freude und Verwunderung, nach der so viele Menschen suchen, sind ein ganz natürlicher Bestandteil dieses Bewusstseinszustands.

Eins mit dem Träumen zu werden bringt jedoch auch den Geist durcheinander. Statt im Denken versunken zu sein, erkennen wir uns als das Gewahrsein dahinter. Das Denken ist nicht länger eine eigennützige, autonome Aktivität, die unser Leben bestimmt. Wenn wir das Gewahrsein selbst sind, gibt es kein Selbst, das denken könnte. Wir sinnen dann nicht länger über die Welt nach; wir *sind* die Welt. Wenn wir eins mit dem Träumen sind, können wir zum Ursprung unseres Wesens zurückkehren und bewusst an der Entfaltung dieser Intelligenz mitwirken. In meinem Kontakt mit der transzendentalen Realität bin ich nur ein Kind, das sich ständig darüber wundert, was es sieht, und versucht, eine Sprache zu entschlüsseln, die sich dem Intellekt entzieht und der man schwieriger folgen kann als jeder anderen Sprache, die ich in der manifesten Welt erlernt habe. Tatsächlich sollte man sich dem transzendentalen Leben am besten mit Bescheidenheit nähern und sich dem Träumen ergeben, das die Schöpfung lenkt. Eins mit dem Träumen zu werden ist hinreißend, inspirierend und in höchstem Maße erleuchtend, weil es uns die Großartigkeit und die ewige Natur unseres Wesens offenbart. Angesichts der chaotischen Trends in unserer heutigen Gesellschaft scheint die Zeit nahe, in der die Menschheit ihr ausgedientes, dominantes Denken und die lineare Zeit aufgeben und Modelle für eine transzendentale Realität entwickeln muss. Da unsere jetzigen Bräuche, Gesetze und Werte nicht für einen transzendentalen Bewusstseinszustand ausgelegt sind, werden die neuen Strukturen nichtlokale Erfahrungen, simultane Realitäten, Manifestationen aus nicht wahrnehmbaren Bereichen und andere transzendentale Fähigkeiten berücksichtigen müssen. Mehr als wahrscheinlich wird unser Überleben im kommenden Zeitalter von unserer Fähigkeit abhängen, dies umzusetzen. Ich habe mich schon oft gefragt, ob vor Jahrtausenden, als erstmals Vernunft aufblitzte, die Prozesse des kognitiven Denkens den frühen Menschen merkwürdig vorkamen, die instinktiven Verhaltensweisen folgten. Heute mag uns die neue Fähigkeit zum transzendentalen Bewusstsein, das den Verstand ablösen wird, ganz genauso rätselhaft erscheinen.

Die Erweiterung des menschlichen Bewusstseins scheint nicht vorhersehbar oder linear zu sein. Sie folgt einem eigenwilligen Weg, mit unvorhergesehenen Sprüngen, aufschlussreichen Offenbarungen, ein Mensch nach dem anderen, oft am Rand des heutigen Lebens, wie ein kleiner Grashalm, der irgendwo in einer Stadt aus einem Riss im Asphalt sprießt. Wenn sich das Herz dem öffnet, was jenseits des Verstandes liegt, entsteht eine neue Realität, und der transzendentale Mensch wird geboren.

Welche nie erträumten Möglichkeiten sich uns eröffnen, welche außergewöhnlichen Kräfte für uns verfügbar werden, wenn sich unser Bewusstsein noch mehr erweitert, ist im Augenblick unmöglich abzusehen. Der einzige Weg, um das Spiel des Schicksals zu *kennen,* ist es, sich dem Mysterium zu ergeben.

ANHANG

Einführung: Das Träumen

1. Coleman Barks, *The Soul of Rumi* (New York: HarperCollins, 2001), S. 37.

2. John Blofeld, *The Tantric Mysticism of Tibet* (New York: E. P. Dutton, 1970), S. 61–62.

3. Swami Prabhavananda and Frederick Manchester, trans., *The Upanishads* (Hollywood, CA: Vedanta Press, 1975), S. 197.

4. Marcel Griaule, *Conversations with Ototemmeli* (London: Oxford University Press, 1965), S. 108.

5. E. Nandisvara Nayake Thero, »The Dreamtime, Mysticism, and Liberation: Shamanism in Australia,« in *Shamanism,* ed. Shirley Nicholson (Wheaton, IL: Theosophical Publishing House, 1987), S. 226.

6. David Bohm, *Wholeness and the Implicate Order* (London: Routledge & Kegan Paul, 1980), S. 205.

7. Miguel Ruiz, *The Mastery of Love* (San Rafael, CA: Amber-Allen, 1999), S. 130.

8. Bernard C. Ruffin, *Padre Pio: The True Story* (Huntington, IN: Our Sunday Visitor Publishing Division, 1982), S. 263-264.

9. Erlender Haraldsson, *Modern Miracles: An Investigative Report on Psychic Phenomena Associated with Sathya Sai Baba* (New York: Fawcett Columbine, 1987), S. 26-27.

Traum I: Eine radikale Bewusstseinsveränderung

1. Gopi Krishna, *Living with Kundalini* (Boston: Shambhala, 1993), S. 145.

2. David Abram, *The Spell of the Sensuous: Perception and Language in a More-Than-Human World* (New York: Vintage, 1997), S. 19.

Traum III: Die Illusion von Raum und Zeit

1. Michael Talbot, *The Holographic Universe* (New York: Harper Collins, 1991), S. 41.

2. Satprem, *Sri Aurobindo or the Adventure of Consciousness* (New York: Institute for Evolutionary Research, 1984), S. 219.

3. Ulrich Baer, *The Poet's Guide to Life: The Wisdom of Rilke* (New York: Modern Library, 2005), xxxiv.

Traum V: Materialisierungen und die Infragestellung der konventionellen Realität

1. Fred Alan Wolf, *Taking the Quantum Leap: The New Physics for Nonscientists* (New York: HarperCollins 1989), S. 183.

Traum VI: Jenseits der Zeit

1. Sandra Hinchman, *Southwest's Canyon Country* (Seattle, WA: The Mountaineers, 1990), S. 23.

Traum VII: Die Neukonfiguration von Energie

1. Swami Muktananda, *Play of Consciousness* (New York: SYDA Foundation, 1994), S. 49.

2. Ken Eagle Feather, *A Toltec Path* (Charlottesville, VA: Hampton Roads, 1995), S. 194.

Traum IX: Bewusstes Miterschaffen

1. Valerie Hunt, *Infinite Mind: Science of the Human Vibrations of Consciousness* (Malibu, CA: Malibu Publishing, 1996), S. 53–54.

Traum X: Transzendentales Leben in einer linearen Welt

1. Coleman Barks, *Voice of Longing* (Boulder, CO: Sounds True, 2002). Audio.

WEITERFÜHRENDE LITERATUR

Abram, David. *The Spell of the Sensuous: Perception and Language in a More-Than-Human World.* New York: Vintage Books, 1977.

Baba, Meher. *Infinite Intelligence.* North Myrtle Beach, SC: Sheriar, 2005.

Barks, Coleman. *The Soul of Rumi: A New Collection of Ecstatic Poems.* New York: HarperCollins, 2001.

Castaneda, Carlos. *The Art of Dreaming.* New York: HarperCollins, 1993.

Houston, Jean. *Jump Time: Your Future in a World of Radical Change.* Boulder, CO: First Sentient Publications, 2004.

Hunt, Valerie. *Infinite Mind: Science of the Human Vibrations of Consciousness.* Malibu, CA: Malibu Publishing, 1996.

Klein, Jean. *Transmission of the Flame.* St Peter Port, Guernsey, CI: Third Millennium, 1990.

Krishnamurti, J. *This Light in Oneself: True Meditation.* Boston: Shambhala, 1999.

Mindell, Arnold. *Dreaming While Awake: Techniques for 24-Hour Lucid Dreaming.* Charlottesville, VA: Hampton Roads, 2000.

Radha, Swami. *Realities of the Dreaming Mind.* Toronto, Ontario: Timeless Books, 1994.

Ruiz, Miguel. *The Mastery of Love: A Practical Guide to the Art of Relationship.* San Rafael, CA: Amber-Allen, 1999.

Talbot, Michael. *The Holographic Universe.* New York: HarperCollins, 1991.

Wolf, Fred Alan. *The Dreaming Universe: A Mind-Expanding Journey into the Realm Where Psyche and Physics Meet.* New York: Simon & Schuster, 1994.

STIMMEN ZU
SCHÖPFERISCHES TRÄUMEN

»*Schöpferisches Träumen* führt den Leser in eine Welt, in der Raum und Zeit ziemlich anders beschaffen sind als im Wachzustand. Dr. Donnells Buch liefert uns bemerkenswerte Indizien dafür, dass Träume inspirieren, Kraft geben und heilen können.«

Dr. phil. Stanley Krippner
Co-Autor von *Extraordinary Dreams and How to Work with Them*

»Mit ihrer Schilderung der transzendentalen Intelligenz, dem Wesen des Träumens, schafft Christina Donnell eine notwendige und willkommene Basis zur

Erforschung unserer Träume und unseres Alltags. Ihr Buch ist tiefgehend und leicht verständlich.«

Amy Mindell
Autorin von *Dreaming While Awake* und *Earth Based Psychology*

»Wenn Christina Donnell und andere Menschen wie sie ihre transzendentalen Erfahrungen schildern, ist das ein Geschenk an die ganze Menschheit. *Schöpferisches Träumen* bringt uns dem Wissen viel näher, wer wir als Schöpfung einer intelligenten Quelle wirklich sind. Jetzt können wir im Schlaf entscheiden zu erwachen!«

Tim Miejan
Chefredakteur des *Edge Life Magazine*

»*Schöpferisches Träumen* ist ein revolutionäres Buch. In klarer, sachlicher Sprache schildert Dr. Donnell, wie sich ihre Traumzustände jahrelang immer wieder mit der ›echten‹ Welt verflochten und diese in einigen Fällen beeinflussten. Die Implikationen von Dr. Donnells Arbeit werden sowohl für Philosophen als auch für Physiker von Interesse sein. Und furchtlose Reisende auf dem Pfad zu höherem Bewusstsein finden hier einen spannenden, neuen Begleiter, der noch über die Werke von Carlos Castaneda hinausführt.«

Martha Lawrence
Autorin von *Pisces Rising und Ashes of Aries*

»*Schöpferisches Träumen* zeigt uns, wie Träume uns an die äußeren Grenzen des menschlichen Bewusstseins führen können. Anhand ihrer reichen, vielfältigen Erfahrung als klinische Psychologin, Meditierende und Schamanismus-Schülerin stellt Dr. Donnell uns Werkzeuge zur Transformation, Heilung und sogar Prophezeiung vor, die unsere Sicht auf das Leben radikal verändern können. Dieses wichtige Buch befasst sich eingehend mit dem Übernatürlichen, bleibt dabei aber stets im echten Leben verankert.«

Hal Zina Bennett
Autor von *The Lens of Perception*

»Wer von uns hat noch keinen Traum oder keine Vision gehabt, in dem oder der das scheinbar Unmögliche möglich wurde. Dieses Buch wird uns allen helfen, diesen verborgenen, unkontrollierbaren Teil von uns anzuzapfen, der uns zeigt, dass ab und zu Körper und

Geist nicht voneinander getrennt sind und Raum und Zeit nicht existieren. Für jeden, der davon überzeugt ist, dass gerade ein Schwingungswandel stattfindet, ist dieses Buch ein Muss.«

Dr. med. Bill Manahan
Ehemaliger Präsident der *American Holistic Medical Association*
Dozent im Ruhestand, University of Minnesota Medical School

»Mit höchster Genauigkeit hat Christina hier wortgewandt auf den Punkt gebracht, was ›die Leere, die voll ist‹ wirklich bedeutet. Endlich hat jemand diesen nebulösen und doch so realen Aspekt unserer unermesslichen Realität in klare Worte gefasst.«

Mary Summer Rain
Autorin von *In Your Dreams*

»Donnell hat die Fähigkeit, unsere gesamte bisherige Wahrnehmung der konkreten Welt zu erschüttern und Verstand und Herz unseren eigenen grenzenlosen Möglichkeiten zu öffnen.«

Kaylin Richardson
Teilnehmerin an den Olympischen Spielen 2006, Ski Alpin

»Dr. Donnell ist, wahrscheinlich aufgrund ihrer umfassenden Kompetenz in Psychologie und ihrer direkten Erfahrung mit der schamanischen Lehre, in der Lage, den Leser über eine Brücke nicht nur zwischen der Traum- und Wachwelt, sondern auch zwischen der Ego-Identität und der transzendentalen Realität zu führen. Mit ihrer Schilderung einer Reihe von Träumen, die hilfreich für ihr eigenes Erwachen waren, schafft sie einen Bezugsrahmen, anhand dessen ein Reisender jeder Tradition seinen eigenen Weg besser verstehen kann.«

Joseph A. Amara
Mitinhaber von Magus Books, Ltd.

»Donnell zu lesen ist nicht nur eine intellektuelle Reise, sondern eine körperliche Erfahrung. Mehr als Worte es vermögen, hat dieser Text eine energetische Signatur, die Sie völlig öffnen und erweitern wird.«

Mary Jo Peppler
Olympiateilnehmerin und Mitglied der
International Volleyball Hall of Fame

»Christina Donnells Traum- und Wacherfahrungen sind faszinierend zu lesen! Ihre Vorstellungen über die Evolution des menschlichen Bewusstseins, besonders in Bezug auf das Träumen, und ihre Fähigkeit, sich an Träume zu erinnern, sind äußerst verblüffend!«

Jeremy Taylor, Pfarrer
Mitgründer der *International Association for the Study of Dreams*

»*Schöpferisches Träumen* ist eine Reise durch westliche, mystische Offenbarungen, geschildert in einer sachlichen Sprache – ein Juwel für spirituell Suchende.«

Dr. phil. Francesca McCartney
Autorin von *Body of Health:*
The New Science of Intuition Medicine

ÜBER DIE AUTORIN

Dr. Christina Donnell, klassisch ausgebildete klinische Psychologin, beschäftigt sich seit fast zwei Jahrzehnten eingehend mit östlichen Traditionen und den schamanischen Energiepraktiken der peruanischen Q'ero-Indianer.

Zurzeit führt sie eine Beratungspraxis und unternimmt viele Reisen, auf denen sie Intensiv-Workshops erteilt, Vorlesungen hält und Expeditionen zur Selbsterfahrung leitet. Sie lebt in Minneapolis, Minnesota, USA.

Weiterführende Informationen zu
Büchern, Autoren und den Aktivitäten
des Silberschnur Verlages erhalten Sie unter:
www.silberschnur.de

Sie können uns alternativ
die beiliegende *Postkarte* zusenden.

Ihr Interesse wird belohnt!

160 Seiten, broschiert
ISBN 978-3-89845-292-2
€ [D] 6,95

Barbara Berger

Meditationen

Tore zum Bewusstsein

Verschiedene Wege führen zur Erfahrung von glückseligen, erweiterten Bewusstseinszuständen, jener globalen Revolution, die in unserer Zeit stattfindet. Ein einfacher Weg zu diesem höheren Bewusstsein sind die Meditationen von Barbara Berger.

Die Bestseller-Autorin vermittelt fundiert und immer leicht nachvollziehbar verschiedene Meditationsformen. In gewohnt unkomplizierter Art erklärt sie neben praktischen Übungen auch die Stolpersteine, die eine erfolgreiche Meditation verhindern können. Den Meditierenden erwartet u. a., wie der Verstand, die ewige »Quasselstrippe«, beruhigt werden kann, wie man besser schläft, jünger aussieht oder effektiver arbeitet ...

160 Seiten, broschiert
ISBN 978-3-89845-311-0
€ [D] 6,95

Heidi Schlosser

**Der magische Trick
zur Selbstentfaltung**

Die Psychologen sind sich schon lange darüber einig, dass unsere Gedanken und Glaubenssätze unser Leben und unser Schicksal bestimmen. Wollen wir daher ein glückliches und zufriedenes Leben führen, dann müssen wir nur unsere negativen Gedanken auflösen. Doch wie gelingt das rasch und effektiv?

Der magische Trick zur Selbstentfaltung ist eine neue und verblüffend einfache Methode, negative Glaubenssätze nachhaltig zu verändern, um damit die Basis für eine positive Lebenseinstellung sowie für unser Glück zu schaffen. Mit diesem Buch lernt man, den Weg zur freien Selbstentfaltung zu gehen ...

208 Seiten, broschiert
ISBN 978-3-89845-259-5
€ [D] 14,90

Richard Webster

Dein Seelenpartner wartet …

Sind Sie auf der Suche nach Ihrem wahren Seelenpartner? Der Bestsellerautor Richard Webster hat entdeckt, dass – irgendwo – jeder Einzelne von uns einen Seelenpartner hat. Diesen zu finden, das ist kein hoffnungsloser Traum, sondern absolut machbar. Möglicherweise zählen Sie aber auch zu den Glücklichen, die ihre andere Hälfte bereits gefunden haben – dann lernen Sie in diesem Buch, wie sich daraus eine dauerhafte Beziehung entwickeln kann.

Seelenpartner treten immer im richtigen Moment in Ihr Leben, meist zu einer Zeit, wenn wir bereit sind, sie zu treffen. Lesen Sie dieses Buch, und Sie werden die Hintergründe von Inkarnation, Karma und Seele verstehen lernen und über zahlreiche Fälle von Seelenpartnern lesen.

232 Seiten, Klappenbr.
ISBN 978-3-89845-288-5
€ [D] 14,90

Eileen Caddy & David Earl Platts

Die Tore zur Liebe öffnen
Ein Findhorn-Buch

Können wir lernen zu lieben? Oder müssen wir nur warten – und es geschieht von selbst? Wir alle sind mit der Fähigkeit geboren, uns selbst und andere zu lieben. Schmerzvolle Erfahrungen haben jedoch dafür gesorgt, dass viele von uns innere Schutzwälle errichtet und Ängste, Überzeugungen und Verhaltensweisen entwickelt haben, um diese inneren Barrieren aufrechtzuerhalten. Die wichtigste Lektion im Leben ist es daher, wieder lieben zu lernen …

Dieses Buch lädt Sie ein, die freie Entscheidung zu treffen, mehr Liebe in Ihr Leben zu bringen, und es hilft Ihnen, diese Entscheidung Schritt für Schritt klar und entschlossen umzusetzen.

184 Seiten, Klappenbr.
ISBN 978-3-89845-289-2
€ [D] 12,90

Franziska Krattinger

2012 – Seelenpower
Die Zeitenwende als Chance

Die Zeit scheint zu rasen, und jeder fühlt sich unter Druck gesetzt. Warum? – In der Zeit des Wandels erhöht sich die Energie deutlich, und so kommen die inneren Haltungen, Ängste und Denkweisen immer direkter zum Ausdruck.

Die unterschiedlichsten Zukunftsprognosen über das, was die Menschheit bis 2012 zu erwarten hat, erreichen uns zudem täglich.

Sie können sich nun treiben lassen und alles für bare Münze nehmen, was Ihnen als »Wahrheit« präsentiert wird. Sie haben jedoch auch die Option, sich selbst einen Überblick zu verschaffen, um Ihre persönliche Wahrheit zu erkennen. Es lohnt sich!

256 Seiten, broschiert
ISBN 978-3-89845-301-1
€ [D] 16,90

Silke Jahr

Steinzeit ist Neuzeit
Wie die Quantenphysik das Urwissen beweist

Was hat der Steinzeitmensch in der Quantenphysik zu suchen?

Ein Blick auf ursprüngliche Kulturen zeigt, dass diese Menschen in einer anderen Geisteswelt leben; sie nehmen die Welt anders und umfassender wahr als die meisten Menschen unserer westlichen Zivilisation. Sie sind durchdrungen von der Einheit allen Seins ... Ein Buch, das eine Brücke zwischen zwei Weltbildern schlägt:

• Die Einheit der Welt in der Quantenphysik

• Existieren Zeit und Raum überhaupt?

• Können Schamanen fliegen?

Durchbrechen Sie Ihre üblichen Denkmuster, und erweitern Sie Ihre Grenzen ...